PETRA BACHMANN

Frauenpower

MADE IN EUROPE

Große europäische FRAUEN im Porträt

ILLUSTRATION UND GESTALTUNG
VON INKA VIGH

arsEdition

INHALTSVERZEICHNIS

Vorwort	3
Hildegard von Bingen	4
Jeanne d'Arc	8
Maria Sybilla Merian	10
Dorothea Christiane Erxleben	14
Katharina die Große	16
Caroline Lucretia Herschel	20
Jane Austen	22
Ada Lovelace	24
Frauen in Wissenschaft und Technik	26
Clara Schumann	28
Beatrix Potter	30
Marie Curie	32
Maria Montessori	34
Rosa Luxemburg	38
Alexandra Kollontai	42
Lise Meitner	44
Virginia Woolf	48
Lili Elbe	50
Coco Chanel	52
Mary Wigman	54
Clärenore Stinnes	56
Marlene Dietrich	58
Hannah Arendt	60
Elly Beinhorn	62
Astrid Lindgren	64
Frauen in Kunst, Musik und Literatur	68
Simone de Beauvoir	70
Sophie Scholl	72
Anne Frank	74
Niki de Saint Phalle	78
Jutta Limbach	80
Frauen in Politik und Wirtschaft	82
Jane Goodall	84
Sylvia Caduff	88
Anita Roddick	90
Alice Schwarzer	92
Angela Merkel	94
Christine Lagarde	96
Steffi Graf	98
Frauen im Sport	102
Gerlinde Kaltenbrunner	104
Laura Dekker	106
Die junge Generation	108
Chronik	110

VORWORT

Europa hat großartige Frauen! Nicht nur heute – bereits in früheren Zeiten bewiesen sie viel Mut, Fantasie und Durchhaltevermögen. Wer diese Frauen sind und waren, erfährst du in den Porträts auf den nächsten Seiten. Sie gingen neue Wege und öffneten – oft als Allererste – Türen, die für Frauen verschlossen waren: Sie gründeten ein Kloster, wurden Soldatin, Forscherin oder Schriftstellerin, arbeiteten als Ärztin, Politikerin oder Künstlerin. Das erscheint dir heute sicher völlig normal, damals war es das aber ganz und gar nicht: Mädchen und Frauen wurden in allen europäischen Ländern und in vielen Lebensbereichen Steine in den Weg gelegt. Sie zu überwinden, war nicht immer leicht.

Manche Frauen hatten ein übermächtiges Talent, dem sie folgen mussten. Andere wuchsen erst beim Tun in ihre Aufgabe hinein. Ein paar Frauen bekamen Unterstützung von Müttern, Vätern, Brüdern, Freunden oder reichen Gönnern. Einige führten einen einsamen Kampf und entdeckten dabei: Frau wächst auch am Widerstand! Manche mussten für ihre Überzeugungen sterben und wurden erst viel später zu Vorbildern. Die verwegensten Frauen gingen ihren ganz eigenen Weg voller Freude, Leidenschaft und in der festen Überzeugung, dass es für Frauen nur die Grenzen gibt, die sie sich selbst setzen!

Alle hier im Buch vorgestellten Frauen zeigten zu ihrer Zeit und auf ihre Art, was in ihnen steckt. Ihr Beispiel ruft die Powerfrauen von heute und morgen dazu auf, es ebenfalls zu tun!

ALSO LEBE DEINE POWER!

Hildegard von Bingen

»Und wieder vernahm ich eine Stimme vom Himmel und sie sprach zu mir: Erhebe deine Stimme und schreibe also!«

AUS: »SCIVIAS – WISSE DIE WEGE«

Stell dir vor, du spielst gerade noch mit deinen Puppen und dann stecken dich deine Eltern für immer ins Kloster. Grausam? Im Mittelalter erlebten das viele junge Mädchen. Was herzlos klingt, entpuppte sich meist als Glücksfall: Es war damals oft die einzige Möglichkeit für Frauen, sich zu bilden. Mönche und Nonnen unterrichteten auch Hildegard von Bingen. Das Lernen in der Stille machte sie zu einer der ungewöhnlichsten Frauen des 12. Jahrhunderts. Sie wurde zur Äbtissin: einer Klostervorsteherin. Ihre Zeitgenossen verehrten sie sehr – als Heilige, Prophetin und Visionärin. Hildegard war außerordentlich talentiert: Sie kannte sich sehr gut in Heilkunde aus, schrieb mehrere Bücher und komponierte Musik. Und sie wagte Unerhörtes für eine Frau und Nonne: Sie predigte und gründete zwei Frauenklöster.

EIN GROSSES LICHT

Hildegard von Bingen wurde 1098 als zehntes Kind einer adeligen Familie in Rheinhessen geboren. Bereits mit drei Jahren sah sie ein so großes Licht, dass ihre Seele erbebte. So beschrieb es Hildegard jedenfalls später selbst in einer ihrer Schriften. Es war eine frühe Ankündigung ihrer hellseherischen Fähigkeiten oder Visionen. Allerdings erzählte sie lange Zeit niemandem davon. Vielleicht fehlten ihr als Kind dafür auch die Worte.

JUNGE KLOSTERSCHÜLERIN

1106 kam Hildegard in das von Benediktinermönchen bewohnte Kloster Disibodenberg. Dort begann ihre religiöse Erziehung. 1112 richtete ihre ältere Mitschülerin und Verwandte Jutta von Sponheim in dem Kloster eine Frauenklause für 16 Mädchen ein. Sie machte damit Disibodenberg zum Doppelkloster. Unterrichtet wurden Lesen und

Eine der ungewöhnlichsten Frauen des Mittelalters und bis heute hochverehrt: die Äbtissin Hildegard von Bingen

Schreiben, Psalmengesang, Latein und Bibellesen, die Liturgie und die Benediktusregel, also die Ordensregel des heiligen Benedikts. Was langweilig klingt, war für Hildegard eine Chance: Mit 16 entschied sie sich endgültig für ein Leben als Nonne und legte ihr Ordensgelübde ab.

BOTSCHAFTERIN GOTTES

1136 starb Jutta von Sponheim und Hildegard wurde ihre Nachfolgerin. Als Erstes änderte sie ein paar Dinge: Die Schülerinnen mussten keine strengen Essensregeln mehr befolgen, nicht mehr so lange beten und nicht alle Gottesdienste besuchen. Das führte zwar zum Streit mit dem Abt vom Disibodenberg, doch Hildegard blieb stur. Währenddessen hatte sie weiterhin Visionen und wurde sehr krank. Es quälte sie, nicht zu wissen, wie sie mit den empfangenen Botschaften umgehen sollte. Hildegard holte sich in einem Brief Rat beim Zisterzienser-Mönch Bernhard von Clairveaux. Er war einer der einflussreichsten Mönche jener Zeit und ermutigte Hildegard, ihre Eingebungen aufzuschreiben, denn sie seien eine Gnade. Also arbeitete Hildegard zehn Jahre lang – im Auftrag Gottes und als seine »Posaune« – an ihrem ersten Buch »Scivias – Wisse die Wege«. Ihr einstiger Lehrer, der Mönch Volmar vom Disibodenberg, und ihre Lieblingsnonne Richardis von Stade unterstützten sie dabei.

ICH BAU MIR EIN KLOSTER

1147 machte Papst Eugen III. Hildegard schlagartig weit über die Grenzen des Klosters Disibodenberg bekannt: Bei einem Kirchentreffen in Trier las er den versammelten Bischöfen aus ihrer Schrift vor, den Texten

VISIONÄRIN, THEOLOGIN, SCHRIFTSTELLERIN, KOMPONISTIN UND NATURKUNDLERIN

1098
Geboren in Bermersheim bei Alzey

1106
Eintritt ins Kloster Disibodenberg

1136
Magistra der Frauenklause

1141–1151
»Scivias – Wisse die Wege« entsteht

1147–1151
Übersiedlung in das Kloster Rupertsberg

1158–1163
»Liber vitae meritorum – Buch der Lebensverdienste«

1158–1171
Mehrere Predigtreisen

1163–1170
»Liber divinorum operum – Buch der göttlichen Werke«

1165
Gründung des Tochterklosters in Eibingen

17. September 1179
Gestorben im Kloster Rupertsberg bei Bingen

2012
Heiligsprechung und Ernennung zur Kirchenlehrerin

HILDEGARD-MEDIZIN

Bereits zu ihren Lebzeiten suchten kranke Menschen bei Hildegard Heilung. Die Äbtissin arbeitete mit Pflanzenmedizin, gab Ernährungstipps, schwor aufs Fasten, auf Schwitzbäder, Aderlass und Schröpfen – eine Art örtliches Blutsaugen mit erhitzten Gläsern und Unterdruck. Hildegard setzte auch Edelsteine ein und wusste, dass man der Seele mit Musik, Gebeten und Meditation etwas Gutes tun konnte. Viele Kurbetriebe wenden bis heute diese »Hildegard-Medizin« an. Ein köstliches Beispiel: Dinkel hielt Hildegard für das bekömmlichste Getreide, es mache froh und heiter. Zusammen mit Mandeln, Butter, Eiern, Wasser und einer Gewürzmischung aus Zimt, Muskat und Nelken werden daraus bis heute »Hildegard«-Plätzchen gebacken – als leckere Heil-Kekse.

---

einer Frau – ein bis dahin unvorstellbarer Vorgang! Der Papst erlaubte Hildegard auch, ihr Erstlingswerk zu veröffentlichen, und erkannte ihre Gabe als Seherin an. Ihre nächste Vision zeigte Hildegard einen Ort: Wo die Nahe bei Bingen in den Rhein mündet, dort sollte und wollte sie ihr eigenes Kloster gründen. Gegen den erbitterten Widerstand der Mönche vom Disibodenberg errichtete sie in den nächsten Jahren das Kloster Rupertsberg. 1150 bezog sie es mit 20 Schwestern. Hildegard brach damit eine Vorschrift: Eigentlich sollten Mönche und Nonnen ein Leben lang in dem Kloster bleiben, in das sie eingetreten waren.

WANDERPREDIGERIN

Im Kloster Rupertsberg schrieb Hildegard zwei weitere theologisch-philosophische Werke. Sie wurden in der Schreibstube handschriftlich vervielfältigt und unters Volk gebracht. Sie verfasste auch zwei natur- und heilkundliche Schriften sowie rund 300 Briefe. Hildegard schrieb sie an berühmte Zeitgenossen, darunter Kaiser Friedrich Barbarossa. Sie wurden – wie damals üblich – auch öffentlich verlesen. Noch mit über 60 Jahren reiste Hildegard bis 1171 predigend durchs Land: Sie besuchte vermutlich Mainz, Bamberg, Köln, Lothringen und Schwaben. Dabei prangerte Hildegard sehr offen Missstände in der Kirche und Verfehlungen von Bischöfen an.

HIMMLISCHE HARMONIEN

Musik und ihre Harmonien hielt Hildegard von Bingen für eine direkte Brücke zu Gott. Zwischen 1151 und 1158 komponierte sie über 70 Gesänge sowie das geistliche Singspiel »Ordo virtutum«, eine weitere Pioniertat dieser Frau. Hildegard und ihre Nonnen trugen es bei kirchlichen Festen auf dem Rupertsberg vor. Sie traten auch im Tochterkloster Eibingen auf. Hildegard hatte es 1165 für nicht adelige Mädchen eingerichtet. Hildegard starb 1179 im Alter von 81 Jahren. Erst am 10. Mai 2012 sprach Papst Benedikt XVI. sie heilig und erhob sie am 7. Oktober 2012 zur Kirchenlehrerin.

JEANNE D'ARC

Eine Jugendliche reitet auf einem Pferd – das ist doch nichts Besonderes. Aber Moment mal! Warum trägt sie eine Rüstung? Und warum folgt ihr ein ganzer Trupp Soldaten? Dieser Anblick verwunderte Anfang des 15. Jahrhunderts die Franzosen sehr. Jeanne d'Arc – sie selbst nannte sich Jungfrau von Orléans – führte mit gerade mal 17 Jahren eine Armee in den Krieg. Die Bauerntochter befreite das von den Engländern besetzte Frankreich. Trotzdem starb sie zwei Jahre später als Ketzerin auf dem Scheiterhaufen. Später war klar: Das Todesurteil war falsch. Jeanne wurde heiliggesprochen und wird heute als französische Nationalheldin verehrt.

IM NAMEN DES HIMMELS

Jeanne d'Arc wurde vermutlich am 6. Januar 1412 in Domrémy in Lothringen geboren. Frankreich stritt in dieser Zeit im Hundertjährigen Krieg mit England um die Vorherrschaft im Land. Mit 13 Jahren hörte Jeanne Stimmen: Die heilige Katharina, die heilige Margareta und Erzengel Michael riefen sie dazu auf, die Engländer zu vertreiben, damit Dauphin Karl VII. – der französische Thronerbe – König werden könne. Ab dem 1. Januar 1429 versuchte Jeanne hartnäckig, eine Audienz bei Karl VII. zu bekommen. Am 22. Februar durfte sie endlich mit drei Mann Begleitschutz durch Feindesland zu ihm reisen. Unter vier Augen erzählte Jeanne ihm von ihrem »himmlischen« Auftrag. Sie prophezeite, er würde in der Stadt Reims zum König gekrönt.

ERSTE PRÜFUNGEN

Die Berater von Karl VII. testeten Jeannes Glauben, und seine Hofdamen, ob sie tatsächlich Jungfrau war. Erst danach galt sie als »rein« genug für den Posten der Heerführerin. Sie erhielt eine Rüstung sowie ein Pferd und ihr wurden ein paar kampfbereite Männer zugeteilt. Aus diesem bunt zusammengewürfelten Haufen formte sie eine Armee. Mit ihr brachte sie am 29. April 1429 Proviant in die von den Engländern eingeschlossene Stadt Orléans. Das ermutigte die Truppen von Orléans dazu, den Kampf gegen die Engländer aufzunehmen und die Stadt zu befreien.

»WER, WENN NICHT WIR? WANN, WENN NICHT JETZT?«

DIE KRÖNUNG

Beim folgenden Aufstand am 7. Mai 1429 wurde Jeanne von einem Pfeil getroffen, kämpfte aber weiter! Ihre Tapferkeit schenkte den Franzosen Mut: Nur einen Tag später hatten sie die Engländer besiegt. Diese zogen sich bis Juni weit in den Norden Frankreichs zurück. Am 17. Juli 1429 wurde Karl der VII. in der Kathedrale von Reims zum französischen König gekrönt. Jeanne nahm an der Zeremonie teil, mit einer Siegesfahne in der Hand. Belohnt für ihre Heldentat wurde auch Jeannes Vater: Der König erließ ihm die Steuern. Jeanne plante, als Nächstes Paris zu befreien, doch erst im September stimmte Karl VII. zu. Der Feldzug misslang jedoch und der Regent wollte Frieden mit den Engländern schließen. An Jeanne hatte er kein Interesse mehr.

BITTERES ENDE

Im Mai 1430 wurde Jeanne d'Arc gefangen genommen und für die damals sehr hohe Summe von 10 000 Francs an die Engländer verkauft. Die übergaben sie an Pierre Cauchon, einen ihrer katholischen Bischöfe in Rouen. Er machte der 18-Jährigen ab Januar 1431 den Prozess als Ketzerin, Hexe und Zauberin. Es folgten monatelange Verhöre. Und obwohl Jeanne sich in den Verhandlungen sehr geschickt verteidigte, hatte sie keine Chance: Einer der Anklagepunkte lautete Mord. Als Frau war sie keine Soldatin, alle von ihr getöteten Männer galten daher als Mordopfer. Jeanne wurde am 30. Mai 1431 öffentlich in Rouen auf dem Scheiterhaufen verbrannt. Einen Freispruch für Jeanne d'Arc gab es erst in einer neuen Verhandlung am 7. Juli 1456. Am 20. Mai 1920 erklärte Papst Benedikt XV. sie zur Heiligen. Das kurze Leben der mutigen Kriegerin inspirierte im Laufe der Jahrhunderte zahlreiche Dichter, Schriftsteller, Filmemacher und (Pop-)Musiker.

Soldatin in schimmernder Rüstung: Jeanne d'Arc besiegte mit ihren Truppen im 15. Jahrhundert die Engländer.

FRANZÖSISCHE NATIONALHELDIN

- **Ca. 6. Januar 1412**
  Geboren in Domrémy, Lothringen
- **8. Mai 1429**
  Befreiung Orléans von den Engländern
- **17. Juli 1429**
  Teilnahme an der Krönung von Karl VII. in Reims
- **9. Januar 1431**
  Prozess in Rouen
- **30. Mai 1431**
  Öffentliche Hinrichtung auf dem Marktplatz von Rouen
- **7. Juli 1456**
  Aufhebung des Urteils
- **20. Mai 1920**
  Heiligsprechung durch Papst Benedikt XV.

MARIA SIBYLLA MERIAN

»Später habe ich dann bemerkt, dass alle die schönen Tag- und Nacht-Schmetterlinge aus Raupen entstehen. Ich habe deshalb alle Raupen, die ich finden konnte, gesammelt, um ihre Verwandlungen zu studieren.«

Ein Porträt von Maria Sibylla Merian, der großen Natur- und Insektenliebhaberin

Maria Sibylla ist verschwunden? Keine Panik! Ihre Eltern wussten sofort: Sie ist entweder im Garten oder auf den Wiesen und Feldern vor der Stadt. Ihr Kind liebte Blumen und zeichnete sie ab. Aber es hatte noch ein weiteres Hobby: die Krabbeltiere, die sich auf den Pflanzen tummelten. Ihr Zeichentalent und ihre Neugier machten Maria Sibylla Merian zu einer herausragenden Künstlerin, Naturforscherin und zur Begründerin der Insektenforschung. Mit einer ihrer Töchter wagte sie eine weite Reise: Sie besuchte Surinam an der Nordostküste Südamerikas. Dort erforschte sie exotische Insekten. Sie hielt ihre Beobachtungen in farbig ausgemalten Kupferstichen fest, die sie berühmt machten.

EIN HERZ FÜR RAUPEN

Maria Sibylla Merian war die Tochter des Kupferstechers und Verlegers Matthäus Merian der Ältere. Sie kam 1647 in Frankfurt/Main zur Welt, kurz vor Ende des Dreißigjährigen Krieges. Als ihr Vater 1650 starb, heiratete ihre Mutter den Blumenbildmaler Jacob Morell. Der erkannte Maria Sibyllas Talent – im Kreise seiner Schüler lernte sie zu malen, zu zeichnen und in Kupfer zu stechen. Sie konnte auch ungehindert die Natur erforschen. Maria Sibylla interessierte sich besonders für Insekten, die die meisten Menschen eher eklig oder gruselig fanden. Sie sammelte das damals so bezeichnete »Getier des Teufels«, vor allem Raupen, in kleinen Kisten und Dosen. Sie hielt sie wie Haustiere, baute ihnen Nester, fütterte sie und beobachtete, wie sie sich in Schmetterlinge verwandelten.

DEUTSCHE MALERIN, KUPFERSTECHERIN UND NATURFORSCHERIN

2. April 1647
Geboren in Frankfurt am Main

1670
Übersiedlung nach Nürnberg

1679
Das »Raupenbuch« erscheint

1691
Umzug nach Amsterdam

1699–1701
Reise nach Surinam

1705
Herausgabe des »Surinambuchs«

13. Januar 1717
Gestorben in Amsterdam/Niederlande

MALVERBOT IN NÜRNBERG

Maria Sibylla heiratete mit 18 Jahren. Sie und ihr Mann, ein Maler, zogen nach Nürnberg und bekamen zwei Töchter. Die »Maler-Ordnung« der Stadt verbot es Frauen, Gemälde anzufertigen, um mit ihnen Geld zu verdienen. Deshalb bemalte Maria Sibylla stattdessen kostbare Stoffe mit Blumen, mischte und verkaufte eigene Farben und gab jungen Frauen Malunterricht. Sie entwarf Blumenbilder als Stickvorlagen und veröffentlichte sie 1675 in einem Buch. Es war so erfolgreich, dass zwei weitere Bände folgten. 1679 erschien ihr naturwissenschaftliches Werk »Der Raupen wunderbare Verwandlung und sonderbare Blumennahrung«. Darin zeigte die 28-Jährige, was sie entdeckt hatte: Jede Schmetterlingsart hat und braucht für ihre Entwicklung eine eigene Futterpflanze. Sie stellte in farbig ausgemalten Kupferstichen 50 Pflanzen naturgetreu vor. Dazu kamen Porträts der Raupen, die sich von ihnen ernähren, und der weiblichen und männlichen Schmetterlinge. Mit diesem Buch begründete Maria Sibylla eine neue Wissenschaft: die Insektenkunde. 1683 folgte der zweite Band.

IHR GRÖSSTES ABENTEUER

1685 ließ Maria Sibylla sich von ihrem Mann scheiden – zu jener Zeit ganz und gar unüblich! Sie zog mit ihren beiden Töchtern erst ins holländische Friesland, 1691 schließlich nach Amsterdam. Ihr Raupenbuch hatte sie bekannt gemacht und sie konnte dort als anerkannte Künstlerin arbeiten. In den damals beliebten Raritätenkabinetten reicher Familien entdeckte sie farbenfrohe exotische Pflanzen, Tiere und Schmetterlinge aus fernen Ländern. Sie beschloss, sich das mit eigenen Augen vor Ort anzusehen. Sie sparte all ihr Geld und bekam von der Stadt Amsterdam ein Reisestipendium. 1699 brach sie mit ihrer jüngeren Tochter in die damals niederländische Kolonie Surinam auf. Die Überfahrt nach Südamerika dauerte drei Monate und war sehr gefährlich, deshalb hatte die 52-Jährige vorher ihr Testament gemacht. Die beiden Frauen erkundeten auf ihren Expeditionen unerforschte Regenwaldgebiete. Gemeinsam sammelten sie zwei Jahre lang Pflanzen und Tiere (besonders Insekten) und zeichneten sie. Als Maria Sibylla an Malaria erkrankte, reisten Mutter und Tochter 1701 nach Amsterdam zurück.

EIN TEURES WERK

Ihre Zeichnungen übertrug Maria Sibylla Merian in den nächsten Jahren auf Kupferplatten und ließ sie von berühmten Meistern stechen. 1705 erschien ihr Buch »Metamorphosis Insectorum Surinamensium – die Verwandlung der Insekten Surinams« mit 60 Kupferstichen, lateinischen und niederländischen Texten. Es enthielt Abbildungen von tropischen Pflanzen, deren Namen sie von den indianischen Ureinwohnern übernommen hatte. Daneben waren Falter, Schlangen, Spinnen, Leguane und Käfer zu sehen. Reich wurde die Künstlerin mit ihrem Werk nicht. Im Gegenteil: Sie hatte den Druck des Buches selbst bezahlt, doch nicht viele Menschen konnten sich das teure Werk leisten. Bis an ihr Lebensende gab Maria Sibylla Malunterricht. Als sie starb, wurde sie in einem Armengrab beigesetzt.

Der alte 500-DM-Schein zeigte auf seiner Vorderseite ein Porträt der Malerin und Naturforscherin Maria Sibylla Merian.

Kapellen und Eulen

In der Zeit, in der Maria Sibylla Merian lebte, hatte kaum jemand Interesse an Insekten. Die Menschen glaubten, sie würden sich aus fauligem Schlamm entwickeln und von Dreck und Müll ernähren. Maria Sibylla ließ sich davon wenig beeindrucken. Sie stellte ihre eigenen Untersuchungen an und beschäftigte sich sehr gründlich mit den Krabbeltieren. Dabei fand sie heraus, dass Schmetterlinge Eier ablegen, aus denen Raupen werden. Die Raupen verpuppen sich und aus dem Kokon schlüpft ein Schmetterling. Die Schmetterlinge der gleichen Art können auch unterschiedlich aussehen – weil es sich um männliche und weibliche Exemplare handelt. Bis heute gültig ist Maria Sibylla Merians Einteilung in Tages- und Nachtfalter: Als Kapellen bezeichnete sie Falter, die tagsüber fliegen, als Eulen diejenigen, die nachts fliegen.

DOROTHEA CHRISTIANE ERxLEBEN

Können Frauen Ärzte sein? Blöde Frage, oder? Das fand Dorothea Christiane Erxleben auch. Allerdings lebte sie im 18. Jahrhundert. Sie musste sich mit Männern herumärgern, die darauf fast ausschließlich mit »Nein« antworteten. Dorothea stammte selbst aus einer Arztfamilie und brachte viel Talent für den Heilberuf mit. Sich wissenschaftlich darin ausbilden und einen akademischen Titel erlangen konnte sie jedoch nicht: Frauen waren zu ihrer Zeit von den Universitäten und damit vom Medizinstudium ausgeschlossen. Doch sie wagte einen genialen Schachzug, der ihr eine Ausnahmegenehmigung einbrachte. 1754 konnte sie ihre Doktorprüfung ablegen: Sie wurde Deutschlands erste anerkannte Ärztin!

> »ICH BESCHLOSS DAHER ERNSTLICH, MICH DURCH NICHTS VOM STUDIEREN ABHALTEN ZU LASSEN UND ZU VERSUCHEN, WIE WEIT ICH IN DER ARZENEIGELEHRTHEIT ES BRINGEN KÖNNTE.«

MIT KÖNIGLICHER HILFE

Dorothea Christiane Leporin wurde 1715 im Harz geboren. Ihr Vater unterrichtete sie in Naturwissenschaften und sie bekam Privatstunden in Latein – beides war wichtig für den Arztberuf. Auch bei Behandlungen in der väterlichen Praxis und bei Hausbesuchen war sie dabei. Sie lernte durch Zusehen und sicher durfte sie hier und da auch aushelfen. Ihr Wunsch, Ärztin zu werden, wuchs, doch

DEUTSCHLANDS ERSTE ÄRZTIN

13. November 1715
Geboren als Dorothea Christiane Leporin in Quedlinburg

1741
Sondergenehmigung fürs Medizinstudium durch König Friedrich den Großen

Januar 1754
Einreichung der Dissertation

6. Mai 1754
Promotion an der Universität Halle

12. Juni 1754
Ernennung zum »Doktor der Arzeneygelehrtheit«

13. Juni 1762
Gestorben in Quedlinburg

Frauen durften nicht studieren. So kam sie auf eine verwegene Idee, sich einen Studienplatz zu verschaffen: Sie wandte sich an den mächtigsten Menschen des Landes, den noch jungen Preußenkönig. Und das Undenkbare geschah: Friedrich der Große wies die Universität Halle an der Saale 1741 an, die Arzttochter zum Medizinstudium zuzulassen. Dorothea kam dabei eine Art Modewelle zugute: Gelehrte Frauen galten in aufgeklärten, adeligen Kreisen gerade als »in«. Sie wurden – wie seltene Vögel oder Edelsteine – betrachtet und bestaunt.

FAMILIE GEHT VOR

Vorerst erfüllte sich Dorotheas großer Traum jedoch nicht: Sie heiratete 1742 den Mann ihrer verstorbenen Cousine. Der Diakon Johann Christian Erxleben brachte fünf noch sehr kleine Kinder mit in die Ehe, um die Dorothea sich kümmerte. Sie selbst bekam vier eigene Kinder, schmiss den Haushalt und begann ohne Ausbildung als Ärztin zu arbeiten. Da die Ärzte ihrer Stadt sie dafür angriffen und schlechtmachen wollten, verfasste sie die Schrift »Gründliche Untersuchung der Ursachen, die das weibliche Geschlecht vom Studieren abhalten«. Sie nannte es ungerecht und unklug, Menschen aufgrund ihres Geschlechts auszuschließen. Nichts sollte Frauen daran hindern, sich für »Männerberufe« zu qualifizieren und einen wertvollen Beitrag zum Gemeinwohl zu leisten.

DOROTHEA WILL'S WISSEN

Nach dem Tod ihres Vaters übernahm Dorothea 1747 dessen Praxis. Sie war eine beliebte und gut besuchte Ärztin. Dann starb eine Patientin während einer Behandlung und drei Quedlinburger Ärzte klagten Dorothea als Kurpfuscherin an. Dorothea entschied daraufhin, mit ihren 39 Jahren eine Doktorarbeit zu verfassen – und zwar ganz ohne vorheriges Studium. Sie reichte ihre Dissertation im Januar 1754 ein. Für ihre Promotion brauchte sie noch einmal das Einverständnis von Friedrich dem Großen. Er stimmte zu und sie legte die Prüfung mit großem Erfolg ab. Am 12. Juni 1754 wurde Dorothea Christiane Erxleben zum »Doktor der Arzeneygelahrtheit« erklärt. So abgesichert, arbeitete sie bis zu ihrem Tod 1762 als Ärztin weiter.

Dorothea Christiane Erxleben ergriff ihren Traumberuf als Ärztin, was im 18. Jahrhundert für Frauen eigentlich unmöglich war.

EINE WAHRE PIONIERLEISTUNG

Wie sich im Laufe der nächsten Jahrzehnte zeigte, war Dorothea ihrer Zeit weit voraus: 1867 praktizierten erst 20 Medizinerinnen in Deutschland und ab 1899 durften sie auch das medizinische Staatsexamen ablegen. Medizin studieren konnten sie aber weiterhin nur im Ausland. Das änderte sich erst 1908, als Studentinnen voll eingeschriebene Mitglieder an preußischen Universitäten werden durften.

Katharina die Große

»Er war mir ziemlich gleichgültig. Aber die Krone von Russland war es mir nicht.«

Katharina die Große — von der preußischen Prinzessin zur Zarin von Russland!

Einmal Prinzessin sein ... gib's zu, davon hast auch du schon mal geträumt. Doch wovon träumt eigentlich ein Mädchen, das schon Prinzessin ist? Na klar, sie will Königin werden, nein, besser noch: Kaiserin! Für Prinzessin Sophie Auguste Friederike von Anhalt-Zerbst erfüllte sich dieser Wunsch: Sie heiratete mit 16 Jahren den russischen Thronfolger und wurde zur Großfürstin Katharina. 1762 entmachtete sie ihren Mann Zar Peter III. Im selben Jahr bestieg sie selbst auf Lebenszeit den russischen Thron und regierte 34 Jahre lang. Ihre Versuche, Russland zu reformieren, scheiterten. Sie förderte allerdings Verwaltung, Bildung, medizinische Versorgung und Kultur. Auch Kriege scheute sie nicht: Ihre militärischen Erfolge trugen ihr – als einziger Herrscherin der Welt – den Beinamen »die Große« ein.

KINDHEIT IN PREUSSEN

Sophie Auguste Friederike wurde am 2. Mai 1729 in Stettin geboren, das damals zu Preußen gehörte. Ihr Vater Fürst Christian August von Anhalt-Zerbst diente als Offizier, ihre Mutter Johanna Elisabeth entstammte dem Hause Holstein-Gottorf. Die kleine Prinzessin wuchs in der Obhut einer Erzieherin auf und wurde in Sprachen, Religion und Literatur unterrichtet. Sophie reiste viel in ihrer Kindheit, meist zu ihren adeligen Verwandten in Braunschweig, Zerbst und Berlin. Mit zehn Jahren traf sie den nur ein Jahr älteren Karl Peter Ulrich von Schleswig-Holstein-Gottorf zum ersten Mal. Seine Tante, die Zarin Elisabeth I., bestimmte ihn 1742 zu ihrem Nachfolger. Dadurch wurde er zum russischen Großfürsten.

AUF NACH RUSSLAND!

Anfang 1744 suchten Brautwerber in Europa nach einer Frau für Peter. Sophie kam – auf Empfehlung von Preußenkönig Friedrich II. – in die engere Wahl. Gegen den Willen ihres Vaters reisten Sophie und ihre Mutter nach St. Petersburg. Kaiserin Elisabeth fand Gefallen an Sophie und Großfürst Peter hatte auch nichts gegen sie. Ihre Verlobung Ende Juni machte Sophie zur Großfürstin. Für die Heirat musste sie Russisch lernen und vom evangelisch-lutherischen zum russisch-orthodoxen Glauben übertreten. Dabei erhielt sie ihren neuen Namen: Katharina. Die Hochzeit wurde ein Jahr später gefeiert, am 21. August 1745.

ES IST KOMPLIZIERT

Direkt nach der Hochzeit zeigte sich: Großfürst Peter spielte lieber mit seinen Zinnsoldaten und mied seine Frau. Katharina flüchtete sich ins Lesen sowie ihre Aufgaben bei Hofe und sie versuchte, Land und Leute kennenzulernen. Da sie keine Babys bekam, fiel sie bei der Zarin in Ungnade. 1754 wurde nach neunjähriger Ehe das erste Kind geboren, 1757 und 1759 folgten zwei weitere. Gerüchten nach hatten sie alle unterschiedliche Väter – der Großfürst war keiner davon. Trotzdem wurde der älteste Sohn Paul als Thronerbe anerkannt.

DER WEG ZUR MACHT

Anfang 1762 starb Kaiserin Elisabeth I. Katharinas Ehemann bestieg als Peter III. den russischen Thron. Mit seinen politischen Ideen verärgerte er sehr viele Leute. Katharina wollte er nach Deutschland ausweisen, um sie loszuwerden. Doch die suchte sich Verbündete und stürzte den Zaren. Am 9. Juli 1762 ließ sie sich zur Zarin ausrufen und erklärte Peter für abgesetzt. Er starb wenige Tage später – vermutlich wurde er von Katharinas Vertrauten ermordet! Seine Witwe wurde am 3. Oktober 1762 in der Himmelfahrtskirche im Moskauer Kreml zur russischen Kaiserin Katharina II. gekrönt.

GROSSE AUFGABEN

In ihren ersten Regierungsjahren versuchte Katharina Russland stärker an Europa heranzuführen. Mehr Bildung schien ihr dazu ein guter Weg. Ab 1764 ließ sie überall im Reich Volksschulen, Gymnasien und Ingenieurfachschulen einrichten. 1767 beauftragte sie gewählte Vertreter aus allen Landesteilen damit, fortschrittlichere Gesetze zu erarbeiten. Umgesetzt wurden sie jedoch nicht. 1773 veröffentlichte Katharina aus Angst vor Religionskämpfen im Land ein Toleranzedikt: Darin wurden nahezu alle Glaubensrichtungen gleichgestellt. 1773–1775 tobte der Pugatschow-Aufstand: Bauern und Leibeigene, die wie Sklaven gehalten wurden, erhoben sich gegen den Adel. Das gefährdete das gesamte Land und nicht zuletzt Katharinas Stellung. Nachdem der Aufruhr niedergeschlagen war, erließ die Zarin strengere Gesetze, was die Lage der untersten Schichten verschlimmerte. 1775 gab Katharina Russland erfolgreich eine neue Verwaltungsordnung. Das Land wurde in 40 Gouvernements unterteilt. Damit sicherte Katharina die Macht des Staates an allen Orten ihres Reichs.

DIE FELDHERRIN

In zwei Russisch-Türkischen Kriegen weitete Katharina II. den Machtbereich Russlands aus. Die Krim wurde erobert und damit der Zugang zum Schwarzen Meer sowie weite Küstengebiete. In ihrer Regierungszeit teilten die Großmächte Russland, Österreich und Preußen Polen untereinander auf. Das Russische Zarenreich gewann dadurch noch einmal sehr viel Land dazu, was der Kaiserin Ruhm und Anerkennung eintrug. Katharina II. starb 1796 in St. Petersburg an einem Schlaganfall. Sie wurde dort in der Peter-Paul-Kathedrale auf der Haseninsel beigesetzt.

Die »Impfluencerin«

Katharina II. interessierte sich für Medizin und las viel darüber. So erfuhr sie, dass der englische Arzt Thomas Dimsdale die Pockenimpfung vereinfacht hatte. Katharina lud ihn 1768 nach St. Petersburg ein. Die Pocken kamen in Russland noch sehr häufig vor und viele Menschen starben daran. Katharina schrieb ihrem Volk jedoch eine Pockenimpfung nicht einfach vor. Sie ging stattdessen mit gutem Beispiel voran und ließ sich selbst und ihren Sohn Paul impfen. Schon bald gingen die Pockenerkrankungen und Todesfälle zurück.

Eine Braut, die sich was traut: Die nach Russland verheiratete Prinzessin griff kühn nach der Macht und regierte als Zarin Katharina die Große.

RUSSISCHE KAISERIN

2. Mai 1729
Geboren als Prinzessin Sophie Auguste Friederike von Anhalt-Zerbst in Stettin

21. August 1745
Heirat mit dem russischen Großfürst Peter

9. Juli 1762
Sturz von Peter III., Ausrufung zur Zarin

3. Oktober 1762
Krönung zur russischen Kaiserin Katharina II.

1768
Katharina führt die Pockenimpfung ein

1773–1775
Pugatschow-Aufstand gegen die Zarenherrschaft

1768–1774 / 1787–1792
Russisch-Türkische Kriege

17. November 1796
Gestorben in St. Petersburg

CAROLINE LUCRETIA HERSCHEL

Der Himmel interessierte Caroline Herschel in ihrem langen Leben am meisten. Da gab es ja für eine Astronomin so viel zu entdecken!

Sterne und Musik – das klingt nach einem romantischen Abend. Für Caroline Herschel waren sie viel mehr: Bestimmung und Lebensaufgabe. Sie machte zunächst Karriere als Sängerin in England, wo ihr Bruder Wilhelm Herschel als Musiker lebte. Die beiden teilten eine weitere Leidenschaft: die Astronomie. Sie beobachteten die Gestirne und Himmelskörper und bestimmten ihre Positionen und Bewegungen mithilfe von selbst entwickelten Teleskopen. Nach einer herausragenden Entdeckung wurde Wilhelm zum Hofastronom des englischen Königs ernannt. Dieser engagierte auch Caroline: Sie war die erste Frau mit einer bezahlten Stellung als Astronomin.

»EIN ROHER KLOTZ«

Caroline Lucretia Herschel wurde 1750 in Hannover geboren. Ihr Vater spielte Oboe in einer Militärkapelle. Er gab sein musikalisches Talent sowie sein Interesse für Sternenkunde an seine Kinder weiter. Caroline durfte mit ihren vier Brüdern eine Garnisonsschule besuchen, sollte aber nicht mehr als Lesen und Schreiben lernen. Ihre Mutter bestand sogar darauf, sie solle ein »roher Klotz«, also ungebildet, bleiben. Nur so könne sie nützlich im Haushalt sein und sich in der Familie als »Weißnäherin« betätigen, was Nähen, Stricken, Säumen und Sticken bedeutete.

NEUE FREIHEIT

Per Postkutsche und Schiff reiste die 22-jährige Caroline in die englische Stadt Bath. Dort hatte ihr Bruder eine Stelle als Organist und Dirigent. Caroline kümmerte sich um den Haushalt, ihr Bruder unterrichtete sie dafür in Mathematik und Geometrie. Gleichzeitig bildete sie sich zur Sängerin aus und hatte zahlreiche Auftritte. Wilhelm entwarf in seiner Freizeit ein Teleskop mit großer Auflösung: Mit ihm konnte Caroline zum ersten Mal einen Mondkrater betrachten. Die Himmelsbeobachtungen beschäftigten die Geschwister an vielen Abenden. Wilhelm vermaß den Stand der Sterne, Planeten und anderer Himmelskörper. Caroline schrieb die Koordinaten auf, die er ihr zurief. Wilhelm gelang eine Sensation, als beide den damals einsehbaren Weltraum durchforsteten: Am 13. März 1781 entdeckte er den Planeten Uranus.

> » Ich vermochte den Gedanken, dass ich ein Abigail (Aschenputtel) oder Hausmagd werden sollte, nicht zu ertragen. «

KOMETENJÄGERIN UND STERNENGUCKERIN

Caroline begleitete ihren Bruder, als er Hofastronom des englischen Königs Georg III. wurde. Sie lebten ab 1782 westlich von London. Dort machte Caroline 1786 am Nachthimmel einen neuen Kometen aus: Er wurde ihr zu Ehren »C« genannt. Ein Jahr später stieg Caroline mit 37 Jahren zur anerkannten Assistentin des königlichen Hofastronomen auf und verdiente jährlich 50 Pfund – damals recht viel Geld. Sie half ihrem Bruder, ein riesiges Teleskop zu vollenden, das als achtes Weltwunder bezeichnet wurde. Gleichzeitig überarbeitete sie den ersten großen und damals modernsten Sternenkatalog der Neuzeit. Bis 1797 entdeckte sie sieben weitere Kometen sowie 14 Sternennebel und sie fertigte einen Katalog für Sternenhaufen und Nebelflecke an.

AUSGEZEICHNET UND GEEHRT

Im August 1822 starb Wilhelm. Er stattete seine Schwester mit 100 Pfund Jahresrente aus, was sie lebenslang absicherte. Caroline zog kurz darauf – nach 50 Jahren in England – zurück in ihre Heimatstadt Hannover. Dort betrieb die Astronomin ihre eigenen Forschungen weiter. Sie ordnete auch die zusammen mit Wilhelm gemachten Beobachtungen. 1828 erhielt sie – als erste Frau – die Goldmedaille der Royal Astronomical Society. 1835 wurde sie deren Ehrenmitglied und ein Jahr später Mitglied der Königlich Irischen Akademie der Wissenschaften in Dublin. Mit 96 bekam sie die goldene Medaille der Königlich-Preußischen Akademie der Wissenschaften. Caroline starb 1848 in Hannover im hohen Alter von 97 Jahren.

DEUTSCHE ASTRONOMIN

16. März 1750
Geboren in Hannover

16. August 1772
Übersiedlung nach England

1786–1797
Entdeckung von acht Kometen

1787–1822
Assistentin des königlichen Hofastronomen

1828
Goldmedaille der Royal Astronomical Society

1835
Ehrenmitglied der Royal Astronomical Society

1836
Mitglied der Königlich Irischen Akademie der Wissenschaften in Dublin

1846
Goldene Medaille der Königlich-Preußischen Akademie der Wissenschaften

9. Januar 1848
Gestorben in Hannover

Jane Austen

Puh, was für eine Langweilerin! Auf den ersten Blick wirkt das Leben der englischen Schriftstellerin Jane Austen unfassbar eintönig: Sie wuchs vor rund 200 Jahren in der Provinz auf, erlernte nie einen Beruf und war unverheiratet. Ausgerechnet diese scheinbar graue Maus verfasste Romane voll bissigem Wortwitz. Und das in einer Zeit, in der es als unschicklich galt, wenn eine Frau überhaupt schrieb. Auch die Heldinnen ihrer Werke entsprachen nicht der damaligen Vorstellung: Statt sanftmütig und zurückhaltend waren sie schlagfertig, ungestüm und eigensinnig. Ihre Irrungen und Wirrungen auf der Suche nach »Mr Right«, also in Sachen Liebe, Heirat, Ehe und Geld, beschrieb Jane Austen sehr scharfzüngig und amüsant. Ihre Bücher waren bereits zu ihren Lebzeiten Bestseller und haben bis heute begeisterte Fans.

> »Gerade eine Frau, sollte sie das Unglück haben, nicht ganz dumm zu sein, tut gut daran, dies nach Kräften zu verschleiern.«

ANREGENDE FAMILIE

Jane Austen wurde 1775 im Pfarrhaus von Steventon in der südenglischen Grafschaft Hampshire geboren. Ihr Vater arbeitete als Geistlicher und gehörte der »Gentry« an, dem niedrigen englischen Landadel. Sie hatte sechs Brüder und eine Schwester, Cassandra, mit der sie ihr Leben lang zusammenwohnte. Jane besuchte kurz ein Mädchenpensionat in Oxford und eine Schule in Reading. Sie las die Bücher aus der gut bestückten hauseigenen Bibliothek, sowohl Klassiker als auch moderne Romane. Mit zwölf Jahren begann sie zu schreiben: kleine Theaterstücke, die mit und in der Familie vor Freunden und Nachbarn aufgeführt wurden.

ENGLISCHE SCHRIFTSTELLERIN

16. Dezember 1775
Geboren in Steventon, Hampshire, England

1801
Umzug nach Bath

1809
Cottage in Chawton

1811–1814
»Verstand und Gefühl«, »Stolz und Vorurteil«, »Mansfield Park« und »Emma«

16. Juli 1817
Gestorben in Winchester

Ende 1817
»Anne Elliot« und »Northanger Abbey« erscheinen posthum

KEIN LIEBESGLÜCK

Dass Janes Familie nicht sehr reich war, verringerte ihre Chancen auf dem Heiratsmarkt. Doch nur verheiratete Frauen wurden gesellschaftlich geachtet. Eine erste Romanze mit dem Iren Thomas Lefroy scheiterte 1796 am Geldmangel. Ein weiterer Verehrer starb jung, einen anderen Heiratskandidaten wies Jane ab. Sie blieb bei ihren Eltern und zog 1801 mit ihnen ins extravagante Kurbad Bath. Dort fanden Tanzabende und Bälle statt. Solche Veranstaltungen spielten eine große Rolle bei der Partnersuche. Jane, die eine scharfe Beobachterin war, fand dort – nein, keinen Mann, aber reichlich Anregungen für ihre Geschichten. 1805 starb Janes Vater und die Frauen waren auf die Unterstützung der übrigen männlichen Familienmitglieder angewiesen.

Jane Austen war eine der bekanntesten Unbekannten ihrer Zeit. Die Schriftstellerin gab ihre Bestseller ohne Namen heraus.

»VON EINER LADY«

Ab 1806 lebten sie bei einem der Austen-Brüder in Southampton. 1809 überließ ein anderer Bruder ihnen ein Cottage in Chawton, Hampshire. Dort schrieb Jane vier ihrer berühmtesten Romane: 1811 erschien »Verstand und Gefühl«, 1813 »Stolz und Vorurteil«, 1814 »Mansfield Park« und 1815 »Emma«. Ein Autorenname fehlte auf dem Buchumschlag, stattdessen stand dort »Von einer Lady«. Schriftstellerin zu sein war in der Regency-Zeit (1811–1820) einfach skandalös! Viele Autorinnen veröffentlichten ihre Bücher deshalb anonym oder unter einem Männernamen. Den Druck der Bücher organisierte und bezahlte Jane selbst. Ein Verlag sorgte für den Verkauf, verlangte dafür aber zehn Prozent des Gewinns. Reich wurde Jane also nicht, obwohl sich ihre Titel blendend verkauften.

FRÜHER TOD UND NACHRUHM

1816 arbeitete Jane Austen an einem neuen Buch. Im selben Jahr kaufte ihr Bruder Henry ein frühes Manuskript zurück, das Jane zum Spottpreis weggegeben hatte – und damit auch die Rechte daran. Beide Werke wurden zunächst nicht veröffentlicht: Die Austen-Brüder waren wegen einer Bankpleite in Geldnot geraten. Außerdem wurde Jane sehr krank, das Schreiben fiel ihr schwer. Sie starb 1817 mit 41 Jahren und wurde in der Kathedrale von Winchester beigesetzt. Nach ihrem Tod gab Henry »Anne Elliot« und »Northanger Abbey« heraus. In einer beigefügten Biografie nannte er Jane erstmals öffentlich als Verfasserin der Bücher. Jane Austens Werke sind Klassiker der englischen Literatur und wahre Kassenschlager: Allein »Stolz und Vorurteil« hat sich weltweit bisher etwa 20 Millionen Mal verkauft.

ADA LOVELACE

»DIE MASCHINE IST KEIN DENKENDES WESEN, SONDERN LEDIGLICH EIN AUTOMAT, DER NACH GESETZEN HANDELT, DIE IHM AUFERLEGT WURDEN.«

»Commander Ada Lovelace, bitte auf die Brücke!« Klingt der Name nicht nach einer supercoolen Heldin aus einer Science-Fiction-Serie? Tatsächlich wirkte Ada Lovelace, 1815 in London geboren, weit in die Zukunft hinein: Sie erfand eine völlig neue Sprache, den »Algorithmus« – also eine Folge von Anweisungen – für eine »Analytische Maschine«. Ein solches Gerät nennen wir heute Computer, die Sprache ein Programm. Ada Lovelace gilt als die erste Programmiererin der Welt. Damals steckte die Technik für Rechner, wie wir sie kennen, noch in Babyschuhen. Bei männlichen Forschern ihrer Zeit fand Ada viel Anerkennung. Die Londoner Gesellschaft dagegen verachtete sie. Eine Frau, die sich für Mathematik und Maschinen interessierte, war eine krasse Außenseiterin – quasi ein Nerd.

WISSENSCHAFT STATT ROMANTIK

Augusta Ada Byron war gerade einen Monat alt, als sich ihre Eltern scheiden ließen. Adas Vater, der berühmte, romantische Dichter Lord Byron, hatte sich in eine andere Frau verliebt. Er starb, als Ada acht war, und sie lernte ihn nie kennen. Adas Mutter

Ada Lovelace war reich und schön. Aber sie war auch klug, ein Mathegenie – und damit als Frau im 19. Jahrhundert ein Sonderling.

fürchtete, die Tochter könnte die verträumte, sprunghafte Art des Vaters geerbt haben. Also überwachte sie Ada streng und ließ sie von Hauslehrern vor allem in Naturwissenschaften und Mathematik ausbilden. Mit zwölf Jahren wollte Ada ein Fluggerät bauen und es mit einer Dampfmaschine zum Laufen bringen. Dieser Antrieb faszinierte Ada, denn er veränderte im 19. Jahrhundert die Welt, als die Industrialisierung Fahrt aufnahm. Fabriken entstanden und Reisen waren nun mit der Eisenbahn möglich.

MATHELERNEN – FREIWILLIG!

Ihre Erfindung war ein Reinfall, was Ada stark mitnahm. Sie wurde krank und zeigte jahrelang Lähmungserscheinungen. Doch mit 16 verliebte sie sich heftig in ihren Hauslehrer und versuchte erfolglos, mit ihm durchzubrennen. Mit 17 lernte sie den Mathematiker Charles Babbage kennen. In Briefen tauschten sie sich über seine Ideen für eine neuartige Rechenmaschine aus: die »Analytical Engine«. Zwei Jahre später heiratete Ada den Baron William King und bekam im Laufe der Ehe drei Kinder. Neben ihrer Rolle als Ehefrau und Mutter studierte sie auf eigene Faust Mathematik: Ihr Mann trat für Ada der Royal Society bei, da sie es als Frau nicht durfte. Er schrieb dort interessante Artikel für Ada ab: Denn Frauen – selbst solchen aus der oberen Gesellschaftsschicht – war selbst der Zutritt zur Bibliothek untersagt. Ab 1841 nahm Ada Privatunterricht bei Augustus De Morgan, Mathematikprofessor und Mitbegründer der London Mathematical Society.

ADAS »NOTIZEN«

1843 übersetzte Ada eine auf Französisch verfasste Beschreibung der Analytical Engine des italienischen Mathematikers Luigi Menabrea. Charles Babbage schlug vor, sie solle dabei ihre eigenen Ideen einfließen lassen. In diesen »Notizen« – sie waren doppelt so lang wie der eigentliche Bericht – beschrieb Ada die vielen Möglichkeiten der Rechenmaschine, die weit über einfache Berechnungen hinausgingen. Ada glaubte, das neuartige Gerät könnte mit bestimmten Vorgaben – einer Art Code, der im Hintergrund läuft – auch Texte und Bilder verarbeiten oder sogar Musikstücke komponieren. Also schrieb sie ein Programm. Es umfasste Befehle und verschiedene Zwischenschritte bis zur jeweiligen Ausführung. Sie verglich die Rechenschritte mit den Lochkarten an Webstühlen: Die zuvor festgelegten Lochungen sorgten für ein beständiges, sich wiederholendes Muster, die das Gerät automatisch umsetzte. Sie unterschied damit Soft- und Hardware – also Programme und Maschinen.

IHRER ZEIT WEIT VORAUS

Babbages Rechenmaschine konnte im 19. Jahrhundert nicht gebaut und Adas Programm nicht getestet werden – die Technik dafür war noch nicht entwickelt. Ada Lovelace starb mit nur 36 Jahren an Gebärmutterhalskrebs. Ihre Überlegungen gerieten lange Zeit in Vergessenheit und wurden erst ab den 1950er-Jahren wiederentdeckt. Informatiker ehrten die Computerpionierin mit der Programmiersprache »Ada«, die 1980 erschien. Diskussionsstoff liefert das englische Mathegenie bis heute, und zwar in Sachen künstliche Intelligenz: Ada behauptete, die neuen Maschinen würden einmal alles können – aber niemals selbstständig denken lernen, also nie eigene Ideen haben.

ENGLISCHE MATHEMATIKERIN

10. Dezember 1815
Geboren in London

1832
Erstes Treffen mit Charles Babbage

1834
Heirat mit 8. Baron William King, später 1. Earl of Lovelace

1841
Mathematikunterricht bei Professor Augustus De Morgan

1843
Übersetzung und eigene »Notizen« zur »Analytical Engine«

27. November 1852
Gestorben in London

FRAUEN IN WISSENSCHAFT UND TECHNIK

ERSTE PROFESSORIN EUROPAS

Sie war schon zu Lebzeiten berühmt: die in Bologna geborene **Laura Bassi** (1711–1778). Sie wurde Ehrenmitglied der Bologneser Akademie – eine Seltenheit für Frauen. Die Universität ernannte sie 1733 zur Professorin für Philosophie und später für Physik: die erste Frau in Europa mit diesem Titel! Eigentlich wollte Bologna damit nur für die Akademie werben. Laura sollte gar nicht wirklich lehren. Sie tat es trotzdem sehr erfolgreich – bei sich zu Hause.

PIONIERIN DER STATISTIK

Sicherlich ist sie die bekannteste Krankenschwester der Welt: **Florence Nightingale** (1820–1910). Im Krimkrieg organisierte sie die Krankenpflege neu, verbesserte die Hygiene, schrieb das erste Lehrbuch für Krankenschwestern und machte Krankenpflege zum Ausbildungsberuf an ihrer Schule. Sie war mathematisch hochbegabt und konnte viele Dinge in der Krankenpflege in Zahlen erfassen und als Diagramme darstellen. Das machte sie zur ersten Frau in der britischen »Royal Statistical Society«.

ERSTE AUTOFAHRERIN DER WELT

Manchmal braucht Technik für den Durchbruch einen Praxistest: 1888 unternahm **Bertha Benz** (1849–1944) heimlich mit dem Motorwagen ihres Mannes Carl Benz die erste Überlandfahrt. Zusammen mit ihren zwei Söhnen fuhr sie 106 km von Mannheim nach Pforzheim, um ihre Schwester zu besuchen. Treibstoff – eine Art Waschbenzin – gab es nur in Apotheken. Kleine Reparaturen nahm die erste Autofahrerin der Welt mit Hutnadel und Strumpfband selbst vor.

KÜCHENTISCHFORSCHERIN

Abwaschwasser – kann das Wissenschaft sein? **Agnes Pockels** (1862–1935) erforschte damit in ihrer Küche die Oberflächenspannung von Wasser. Sie lebte zu einer Zeit, in der Frauen fast nie studieren durften. Trotzdem entwickelte sie auf eigene Faust den »Pockel'schen Trog«. Damit lassen sich Wasserverunreinigungen sehr schnell messen. Die Technische Hochschule Braunschweig verlieh ihr dafür die Ehrendoktorwürde als Ingenieurin.

FAST VERGESSENES GENIE

Emmy Noether (1882–1935) stammte aus einer Erlanger Mathematikerfamilie. Studieren durfte sie als Frau erst ab 1903. Doch selbst mit dem Doktortitel wurde es nicht leichter, auch wenn sie sich in Göttingen – damals dem Mathezentrum der Welt! – einen guten Ruf erarbeitet hatte. Denn sie durfte weder Professo-

rin werden noch unterrichten. Sie trickste und hielt trotzdem Vorlesungen – als Assistentin eines männlichen Professors. Emmy gilt als Mitbegründerin der modernen Algebra.

GANZ DIE MUTTER …

Irène Joliot-Curie (1897–1956) war die Tochter von Marie Curie und Pierre Curie – beides Physikgenies und Nobelpreisträger. Mit acht Jahren ging sie in eine Art Campus-Hort mit Sonderunterricht in Paris: Die Professoren, darunter Marie Curie, brachten ihren insgesamt zehn eigenen Kindern Naturwissenschaften auf Uni-Niveau bei. Irène studierte nach dem Abi Mathematik und Physik. Danach arbeitete sie zuerst mit ihrer Mutter, später mit ihrem Ehemann zusammen. Der Lohn für das Forscherduo: der Chemie-Nobelpreis. Marie und Irène Curie sind das einzige Mutter-Tochter-Gespann mit Nobelpreis.

DIE WÜSTE FEGEN

Die deutsche Mathematikerin **Maria Reiche** (1903–1998) hatte 1932 von den Nazca-Linien gehört: riesige Scharrbilder in der Wüste Perus. Sie entdeckte gleich 50 davon und legte z. B. Tierfiguren wie Spinne, Kolibri oder Affe frei. Maria vermaß die Bodenzeichnungen und 1000 weitere Linien zu Fuß – das dauerte über 40 Jahre! Dank ihr wurden die Nazca-Linien 1994 in die Liste des UNESCO-Weltkulturerbes aufgenommen.

EINE VON ZWEIEN

In der Familie von **Maria Goeppert-Mayer** (1906–1972) waren alle Professoren – nur die Männer wohlgemerkt! Maria änderte das. Sie studierte in Göttingen Mathematik und wechselte bald zur Physik. Sie machte 1930 ihren Doktor und zog mit ihrem Ehemann nach Chicago: damals die Hochburg der Kernphysik. 1946 wurde sie Professorin und durch ihre Arbeit zur Schalenstruktur von Atomkernen berühmt. Dafür erhielt sie 1963 den Physik-Nobelpreis. Nach Marie Curie als zweite und bisher letzte Frau!

EIN LEUCHTTURM IM ALL

Was macht eine Radioastronomin? Sie schickt Radiowellen ins All und untersucht so interessante Objekte im Kosmos. **Jocelyn Bell Burnell** (*1943) entdeckte 1967 etwas völlig Neues: den Pulsar »PSR B1919+21«. Ein solcher Neutronenstern rotiert sehr schnell. Dabei sendet er regelmäßig wiederkehrende Signale aus – fast wie ein Leuchtturm. Dafür wurde sie zusammen mit ihrem Doktorvater und einem Kollegen ausgezeichnet. Den Nobelpreis für Physik 1974 bekamen ungerechterweise aber nur die beiden Männer.

CLARA SCHUMANN

Clara Schumann lebte für die Musik, das Klavier war von frühester Kindheit bis ins hohe Alter ihr Instrument.

Konzertreisen durch Deutschland. Tourneen in Österreich, Frankreich und Russland. Tumulte an der Abendkasse, mitreißende Auftritte, begeistertes Publikum, tosender Applaus, überwältigender Erfolg! Welcher Superstar machte denn da Furore? Clara Schumann! Sie zählte zu den berühmtesten Pianistinnen Europas im 19. Jahrhundert. Vom Vater zum Wunderkind gedrillt, spielte Clara genial Klavier und komponierte ihre eigenen Stücke. Für ihre Liebe zu einem ebenfalls äußerst begabten Musiker musste sie hart kämpfen. Zusammen führten sie ein reiches gemeinsames Familien- und Musikerleben. Ihre Solokarriere setzte sie – als achtfache Mutter und gegen den Widerstand ihres Mannes – ebenfalls fort. Clara Schumann hatte mit 72 ihren letzten öffentlichen Auftritt. Sie war eine der ersten Frauen, die in der von Männern beherrschten Musikszene international Karriere machte.

ÜBEN, ÜBEN, ÜBEN

Clara wurde in die sehr musikalische Familie Wieck in Leipzig hineingeboren. Ihre Mutter war Pianistin und Sängerin, ihr Vater Klavierlehrer und Besitzer eines Musikwarengeschäfts. Er hatte es sich in den Kopf gesetzt, aus Clara ein Klaviergenie zu machen. Deshalb bekam sie von ihm früh Musikunterricht, zur Schule ging sie hingegen nur kurz. Mit neun Jahren trat sie erstmals im berühmten Leipziger Gewandhaus auf. Danach starteten Konzertreisen, die ihr Vater organisierte – und an denen er ganz gut verdiente. Clara spielte vor dem Dichter Johann Wolfgang von Goethe in Weimar, lernte den »Teufelsgeiger« Niccolò Paganini und den ungarischen Komponisten und Pianisten Franz Liszt kennen – Superstars ihrer Zeit.

EIGENE ENTSCHEIDUNGEN

Mit 16 Jahren verliebte sich Clara in einen Schüler ihres Vaters, den Komponisten und Dirigenten Robert Schumann. Der Vater verhinderte lange, dass sie ein Paar wurden, und untersagte ihnen jeglichen Kontakt, selbst schriftlichen. Clara gab – weit weg – Konzerte in Österreich. Die waren so erfolgreich, dass ihr der Titel der Kaiserlich-Königlichen Kammervirtuosin verliehen wurde. 1838 reiste Clara allein nach Paris. Dort lernte sie, sich um sich selbst und ihre Auftritte zu kümmern: Sie machte sich von ihrem Vater unabhängig. Die Erlaubnis zu ihrer Heirat mit Robert erstritt Clara erfolgreich vor Gericht.

GEMEINSAM UND ALLEIN

Das junge Ehepaar suchte sich eine eigene Wohnung in Leipzig und begann zusammen zu musizieren. Sie bekamen acht Kinder, was Clara aber nicht daran hinderte, weiter aufzutreten. Obwohl Robert sie aufforderte, daheim zu bleiben, nahm Clara 1844 eine Einladung nach St. Petersburg an: Dort spielte sie vor der russischen Zarenfamilie. Robert, der sie begleitete, erlitt nach ihrer Rückkehr einen Nervenzusammenbruch. Die Familie zog um ins ruhigere Dresden. Clara pflegte ihren Mann, komponierte mehr und brachte Roberts Werke zur Uraufführung. Er bekam eine Anstellung als städtischer Musikdirektor in Düsseldorf. Dort fand die Familie 1850 ein neues Zuhause.

BERLIN, BADEN-BADEN, FRANKFURT

In Düsseldorf lernten die Schumanns den jungen Komponisten Johannes Brahms kennen. Er stand Clara bei, als Robert 1854 versuchte sich umzubringen, in eine Heilanstalt kam und 1856 starb. Im Jahr darauf zog Clara nach Berlin, wo sie wieder auftrat, das Spätwerk ihres Mannes veröffentlichte und Klavier unterrichtete. Nach ihrem Umzug in die Nähe von Baden-Baden begab sich Clara 1863 wieder auf Konzertreisen in verschiedene europäische Städte. 1878–1892 war sie offiziell »Erste Klavierlehrerin« an Dr. Hoch's Konservatorium in Frankfurt am Main. Ihr fünfzigstes und sechzigstes Konzertjubiläum feierte sie im Leipziger Gewandhaus. Dabei ließen ihre Fans Blumen auf die Bühne regnen. Clara starb mit 76 Jahren in Frankfurt am Main. Sie wurde neben Robert Schumann in Bonn beigesetzt.

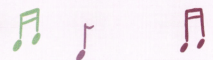

> »DIE AUSÜBUNG DER KUNST IST EIN GROSSER TEIL MEINES ICHS, ES IST MIR DIE LUFT, IN DER ICH ATME.«

DEUTSCHE PIANISTIN UND KOMPONISTIN

13. September 1819
Geboren als Clara Wieck in Leipzig

20. Oktober 1828
Erster öffentlicher Auftritt

12. September 1840
Heirat mit Robert Schumann

1840–1854
Insgesamt 139 öffentliche Konzerte

29. Juli 1856
Tod von Robert Schumann

1878–1892
»Erste Klavierlehrerin« in Frankfurt am Main

20. Mai 1896
Gestorben in Frankfurt am Main

BEATRIX POTTER

Kann ein Hase eine Frau aus dem Gefängnis befreien? Im Fall von Beatrix Potter lautet die Antwort auf diese Frage: Ja! Der Hase, um den es geht, steht für die große Kraft der Fantasie. Die Engländerin erfand und zeichnete um 1901 »Die Geschichte von Peter Hase«. Damit schuf sie den ersten Helden einer der erfolgreichsten Kinderbuchreihen der viktorianischen Zeit. Dank der Einnahmen aus den Verkäufen entfloh Beatrix Potter ihrer ganz persönlichen Hölle: Mit fast 40 Jahren konnte sie endlich ihr Londoner Elternhaus verlassen. Nur wenige unverheiratete Frauen verdienten damals genug eigenes Geld für ein selbstständiges Leben. Beatrix Potter kaufte eine Farm im Lake District. Dort schrieb sie viele weitere Geschichten, züchtete Schafe und wurde zur Naturschützerin.

> »*Gott sei Dank* wurde ich nie zur Schule geschickt. Sie hätte mir viel von *meiner Originalität* geraubt.«

ENGES LONDON

Beatrix Potter kam in einer wohlhabenden Familie der gehobenen englischen Mittelschicht in London zur Welt. Sie wurde – wie damals für Mädchen üblich – von Gouvernanten zu Hause erzogen und dort bis zu ihrem 17. Lebensjahr unterrichtet. Früh zeigte sich ihr zeichnerisches Talent: Sie hielt vor allem Szenen aus der Natur fest, malte Pilze, Flechten, Schmetterlinge, Frösche, Eidechsen, Mäuse und … Kaninchen. In den Sommermonaten reiste Beatrix mit ihren Eltern nach Schottland, später in den Lake District im

ENGLISCHE KINDERBUCHAUTORIN, ILLUSTRATORIN, NATURSCHÜTZERIN

28. Juli 1866
Geboren in London

1902
»Die Geschichte von Peter Hase« erscheint bei Frederick Warne & Company

1902–1930
Veröffentlichung von 22 weiteren Tiergeschichten

1905
Verlobung mit und Tod von Verleger Norman Warne

1906
Kauf von Hill Top Farm im Lake District

14. Oktober 1913
Heirat mit dem Anwalt William Heelis

22. Dezember 1943
Gestorben im Lake District

Nordwesten Englands. In London versuchte Beatrix' Mutter einen passenden Mann für ihre Tochter zu finden. Doch es standen nicht viele Kandidaten zur Auswahl und Beatrix war äußerst wählerisch.

BILDERBRIEFE UND ERSTES BUCH

Beatrix Potter schrieb in den 1890er-Jahren Briefe an die Kinder ihrer ehemaligen Gouvernante. Sie illustrierte die kleinen Erzählungen über verschiedene Tiere mit selbst gemalten Bildern. Um 1901 brachte sie »Die Geschichte von Peter Hase« auf eigene Rechnung als Kinderbuch heraus. Sie hatte ein kleines Format von 10 x 14 cm für den Band gewählt, damit Kinder ihn gut halten konnten. 1902 beschloss der Verlag Frederick Warne & Company, Beatrix Potters Buch herauszugeben. Die Verhandlungen führte ihr Vater: Obwohl Beatrix 35 Jahre alt war, durfte sie als alleinstehende Frau keine Geschäfte abwickeln. Von den 8000 Exemplaren der ersten Auflage waren alle bereits verkauft, bevor das Buch in den Buchläden stand. Bis heute wurde es in 36 Sprachen übersetzt und 45 Millionen Mal verkauft. Bis 1930 schrieb und bebilderte Beatrix Potter noch weitere 22 Tiergeschichten.

TRAGISCHE LIEBE

Beatrix Potter arbeitete eng mit dem Verleger Norman Warne zusammen und beide verliebten sich ineinander. 1905 machte Norman Beatrix einen Heiratsantrag. Ihre Eltern waren dagegen, doch um ihre 39-jährige Tochter nicht zu verlieren, erlaubten sie ihr eine Verlobung. Sie sollte jedoch geheim gehalten werden. Kurz danach begleitete Beatrix ihre Eltern in den Lake District, wo sie vom Tod ihres Verlobten erfuhr. Daraufhin löste sich Beatrix Potter

Tiergeschichten machten Beatrix Potter reich. Von ihrem Geld kaufte sie die Hill Top Farm im Lake District, wo sie dann lebte.

weitgehend von ihren Eltern. Sie kaufte die Hill Top Farm im Lake District, wo sie fortan die meiste Zeit verbrachte. Ihre neue Umgebung und die dort lebenden Tiere, wie Fuchs, Ente und auch Ratten, regten sie zu ihren Geschichten und Zeichnungen an. Viele ihrer Bücher, z. B. »Die Geschichte von Jemima Pratschel-Watschel«, wurden zu Kinderbuchklassikern.

DIE NATUR SCHÜTZEN

Nicht nur die Bücher verkauften sich gut. Auch Tapeten, Tassen oder Stoffe mit dem Aufdruck von Potters Figuren brachten Beatrix viel Geld ein. Sie steckte es in eine Herde von Herdwick-Schafen. Sie begann die für den Lake District typischen, aber selten gewordenen Tiere zu züchten. Mithilfe des Anwalts William Heelis erwarb sie weitere Anwesen und Ländereien. Die beiden heirateten 1913. Schon ab 1911 setzte sich Beatrix gegen den Bau von Fabriken im Lake District ein. Die Natur zu schützen, war ihr wichtig. Als sie 1943 starb, hinterließ sie 16 km² ihres Landbesitzes dem National Trust, der bis heute große Teile des Lake Districts sowie viele andere Landschaften, historische Gebäude und Gärten in England erhält.

MARIE CURIE

»WIR SOLLTEN NICHTS IM LEBEN FÜRCHTEN, ABER ALLES VERSTEHEN.«

Klassenbeste, Topstudentin, mehrfach ausgezeichnete Wissenschaftlerin – die Physikerin und Chemikerin Marie Curie legte Anfang des 20. Jahrhunderts eine Traumkarriere hin. Sie war die erste Frau, die jemals einen Nobelpreis bekam, die erste Frau, die als Professorin an der französischen Universität Sorbonne unterrichtete, und der erste Mensch, dem ein zweiter Nobelpreis verliehen wurde. Sicher besaß sie eine besondere Begabung für ihren Beruf. Aber ebenso groß muss ihr Wille gewesen sein, sich in den stark von Männern beherrschten Fächern durchzusetzen. Zum Glück konnte sie mit ihrem Mann nicht nur ein Familienleben, sondern auch ihre Forscherleidenschaft und ihre Erfolge teilen.

Sie gehört zu den wenigen Menschen, denen zwei Nobelpreise verliehen wurden: die Physikerin und Chemikerin Marie Curie.

SEHNSUCHTSZIEL PARIS

Marya Sklodowska kam 1867 in Warschau zur Welt. Mit 15 Jahren machte sie dort als Klassenbeste ihr Abitur. Da Frauen in Polen nicht studieren durften, wollte sie nach Paris gehen. Sie ließ aber ihrer älteren Schwester Bronia den Vortritt. Mit ihrer Arbeit als Erzieherin finanzierte Marya deren Medizinstudium. Bronia wiederum unterstützte ihre Schwester, als sie ihr 1891 nach Frankreich folgte. Marya schrieb sich an der Universität Sorbonne für Physik und Mathematik ein: Von 1800 Studierenden waren damals nur 23 weiblich. Marya schloss viele Prüfungen erfolgreich ab. Sie erhielt ein Stipendium, mit dem sie ihr Studium bezahlen konnte.

LEBEN IM LABOR

1895 heiratete Marie, wie Marya sich inzwischen nannte, Pierre Curie. Er war ebenfalls

Physiker. 1897 kam ihre Tochter Irène zur Welt. Gleichzeitig veröffentlichte Marie ihre erste wissenschaftliche Arbeit über die Magnetisierung von Stahl. Für ihre Doktorarbeit untersuchte sie das Element Uran: Ihr Lehrer Antoine Henri Becquerel hatte entdeckt, dass es »strahlt«. Marie und Pierre fanden heraus: Uran zerfällt im Laufe der Jahre in viele kleine Elemente, dabei wird energiereiche Strahlung ausgesendet. Marie prägte für diese Eigenschaft das Wort »radioaktiv«. 1898 entdeckten die Curies zwei unbekannte Elemente, die noch stärker strahlten als Uran. Das eine nannten sie nach Maries Heimat Polonium, das andere Radium. Seine Forschungen konnte das Ehepaar dank Maries Anstellung an einer Schule für angehende Lehrerinnen und den Preisgeldern zweier Auszeichnungen fortführen.

NOBELPREIS UND TRAGÖDIE

Ende 1903 erhielt das Ehepaar Curie gemeinsam mit Professor Becquerel für ihre Forschungen zur Radioaktivität den Physik-Nobelpreis. Die Curies waren jedoch krank und konnten erst 1905 nach Stockholm reisen: Sie ahnten nicht, dass sie wegen ihrer Forschung radioaktiv verstrahlt waren. 1904 kam Tochter Ève zur Welt. Nur zwei Jahre später starb Pierre – er wurde von einem Fuhrwerk überfahren. Marie übernahm seine Stelle: Sie lehrte als erste Frau an der Sorbonne und wurde dort 1908 ordentliche Professorin für Physik. 1911 wurde eine Maßeinheit für die Strahlung von Radium eingeführt. Eine Kommission aus berühmten Physikern – neben Marie Curie z. B. Ernest Rutherford und Otto Hahn – legte dafür den Namen »Curie« fest. Seit 1985 wird sie »Becquerel« genannt.

STRAHLUNG: SEGEN UND FLUCH

Am 10. Dezember 1911 nahm Marie Curie in Stockholm ihren zweiten Nobelpreis in Empfang. Sie wurde in Chemie für die Entdeckung der Elemente Polonium und Radium ausgezeichnet. Marie war der erste Mensch überhaupt, dem dieser Preis zum zweiten Mal und in einer anderen Kategorie zuerkannt wurde. 1914 wurde Marie Leiterin des neu gegründeten Radium-Instituts in Paris. Im selben Jahr brachte sie als Freiwillige im Ersten Weltkrieg mobile Röntgeneinrichtungen aufs Schlachtfeld. Mit diesen »Petites Curies« – also »Kleine Curies« – konnten Bilder der Verletzungen von Soldaten gemacht und gezielter behandelt werden. Nach dem Krieg sammelte Marie auf Reisen nach Amerika Spendengelder, um weiterforschen zu können. Kurz bevor ihre Tochter Irène ebenfalls einen Nobelpreis für Chemie bekam, starb Marie 1935, vermutlich an den Folgen der radioaktiven Strahlung.

FRANZÖSISCH-POLNISCHE PHYSIKERIN, CHEMIKERIN, ZWEIFACHE NOBELPREISTRÄGERIN

7. November 1867
Geboren als Marya Sklodowska in Warschau, Polen

1895
Heirat mit dem Physiker Pierre Curie

1903
Nobelpreis für Physik

1906
Unfalltod von Pierre Curie

1908
Erste ordentliche Professorin an der Sorbonne

1911
Nobelpreis für Chemie

1914
Leiterin des Radium-Instituts in Paris

4. Juli 1934
Gestorben bei Passy, Frankreich

MARIA MONTESSORI

»Was Kinder betrifft, betrifft die Menschheit!«

Auswendiglernen, Drill, Lob und Tadel, Zucht und Ordnung – sie bestimmten bis weit ins 20. Jahrhundert hinein den Unterricht vieler Kinder. Diese Methoden hielt die italienische Ärztin und Pädagogin Maria Montessori jedoch für falsch. Sie hatte lange Zeit Kinder beim Spielen beobachtet. Dabei machte sie eine bedeutende Entdeckung: Kinder wollen lernen! Und sie lernen am besten, wenn sie ihren Talenten und Begabungen ungehindert folgen können. Wie, was und wie schnell sie lernen, sollten deshalb die Kinder entscheiden. »Hilf mir, es selbst zu tun«, so beschrieb Maria Montessori, was Kinder von Lehrern brauchen. Ihre erste Schule gründete sie in Italien. Durch Vortragsreisen verbreitete sie ihre Pädagogik in Europa, in den USA und in Indien. Heute gibt es weltweit 40 000 Montessori-Schulen.

ZIELSTREBIG TROTZ UMWEG

Maria Montessori kam 1870 in einer gebildeten Familie in Chiaravalle, Italien, zur Welt. Bereits in der Schulzeit interessierte sie sich für Naturwissenschaften und Technik. Sie entschied sich, Medizin zu studieren. Das war für Frauen in Italien seit 1875 möglich. Oft schlossen Hochschulen Frauen dennoch aus, um Männern die Studienplätze für Medizin zu sichern. Maria studierte daher von 1890–1892 Naturwissenschaften in Rom, um überhaupt an die Universität zu gelangen. Erst danach wechselte sie zur Medizin und machte 1896 in diesem Fach ihren Doktor.

FÜR DAS WOHL VON KINDERN

Während des Studiums hatte Maria sich auf Kinderheilkunde spezialisiert. Sie arbeitete in der Zeit auch als Assistentin in der Kinderpsychiatrie. Dort sah sie, wie geistig behinderte Kinder weggesperrt wurden und wenig Aufmerksamkeit und Zuwendung bekamen. Maria wollte ihre Lage verbessern. Sie entdeckte die Schriften zweier französischer Ärzte, die Unterrichtsmethoden für Behinderte ausgearbeitet hatten. Maria begriff, dass sie diese Kinder nicht nur medizinisch behandeln konnte: Sie brauchten besondere Anleitung für ihre Entwicklung. Darüber hielt sie 1899 einen Vortrag. Daraufhin wurde ein Heilpädagogisches Institut gegründet, das Maria als Direktorin zusammen mit einem Kollegen bis 1901 leitete. In dieser Zeit entwarf sie Lehrmittel eigens für behinderte Kinder.

CASA DEI BAMBINI

1901–1906 studierte Maria Montessori zusätzlich Anthropologie, Psychologie und Pädagogik. 1907 erhielt sie einen Auftrag von der italienischen Regierung: Sie sollte in San Lorenzo, einem Vorort von Rom, ein Kinderhaus leiten. In die »Casa dei Bambini« gingen zwei- bis siebenjährige Kinder aus ärmeren Familien. Maria stellte ihnen Spielzeug, aber auch Haushaltsgeräte und das gleiche Lehrmaterial wie den behinderten Kindern zur Verfügung. Die Kinder durften selbst entscheiden, womit sie sich beschäftigen wollten. Maria beobachtete die Vorliebe der Kinder für ganz alltägliche Arbeiten: Sie tasteten sich spielerisch an das Leben der Erwachsenen heran. So wollten sie z. B. sich selbst anziehen, putzen, den Tisch decken oder im Garten arbeiten. Belohnungen waren nicht nötig, sie wurden sogar abgelehnt. Maria bot ihnen die passende Umgebung: Sie ließ Tische, Stühle und alles andere in kindgerechten Größen anfertigen. Immer wenn ein

Kind etwas gemeistert oder ganz und gar verstanden hatte, wollte es Neues lernen. Was es als Nächstes lernen wollte, konnte es aus einem großen Angebot selbst jederzeit auswählen – selbst beim Lesen- oder Rechnenlernen.

DAS GELERNTE LEHREN

Die Kinder der »Casa dei Bambini« machten riesige Fortschritte. 1909 veröffentlichte Maria ihre Erfahrungen mit ihnen in einem Buch. Lehrer, betonte sie darin, sollten mehr beobachten als eingreifen. Sie würden sonst das eigenständige Lernen der Heranwachsenden stören. Ab 1913 reiste Maria durch Europa und die USA. Sie vermittelte dabei ihre Methode in Vorträgen. Gleichzeitig wurden erste Lehrkräfte in ihrem Sinn ausgebildet und Montessori-Schulen gegründet.

SIEBEN JAHRE INDIEN

1939 brach der Zweite Weltkrieg aus. Maria Montessori hielt sich gerade in Indien auf. Sie hatte vor, an verschiedenen Universitäten ihre Methode zu vermitteln. Da Italien sich mit Nazi-Deutschland verbündet hatte, wurden alle Italiener im von Großbritannien regierten Indien inhaftiert. Maria selbst blieb frei, durfte das Land aber nicht verlassen. Ihr Sohn Mario kam für zwei Monate ins Gefängnis. In Indien entwickelten die beiden die Montessori-Methode für Kinder zwischen sechs und zwölf Jahren weiter. Dabei ging es um den Umgang mit der Natur und ihre Erforschung.

LETZTE HEIMAT HOLLAND

In ihren letzten Jahren hatte Maria Montessoris ihren Wohnsitz in den Niederlanden. Viel zu Hause war sie nicht. Unermüdlich sprach sie fast überall in Europa und noch einmal in Indien auf Montessori-Kongressen. Dreimal wurde sie für den Friedensnobelpreis vorgeschlagen und erhielt einen französischen und niederländischen Verdienstorden. Maria Montessori starb 1952 in den Niederlanden.

Schweren Herzens Rabenmutter

1898 wurde Marias Sohn Mario geboren – als uneheliches Kind. Das galt damals als große Schande. Aber Maria wollte den Vater ihres Kindes nicht heiraten. Er hätte verlangt, dass sie als seine Ehefrau zu Hause bleibt. Sie wollte aber lieber ihre Forschungen fortführen. Deshalb lebte sie im Geheimen mit ihrem Freund und Sohn zusammen. Wenige Jahre später heiratete ihr Partner eine andere Frau. Maria traf eine schwere Entscheidung: Sie gab ihren Sohn in Pflege. Sie besuchte ihn regelmäßig und nahm ihn 1913 wieder ganz zu sich. Er wurde später ihr Sekretär und begleitete Maria auf ihren Reisen durch die ganze Welt. Erst Jahrzehnte später erkannte sie ihn öffentlich als Sohn an und macht ihn zu ihrem Erben.

Maria Montessori lag das Wohl von Kindern sehr am Herzen. Sie entwickelte eine Pädagogik, die Kindern selbstbestimmtes Lernen ermöglicht.

ITALIENISCHE ÄRZTIN UND PÄDAGOGIN

31. August 1870
Geboren in Chiaravalle, Italien

1896
Doktor der Medizin

1896–1901
Arbeit mit behinderten Kindern

1898
Geburt von Sohn Mario

1899–1901
Co-Direktorin des Heilpädagogischen Instituts in Rom

1901–1906
Studium der Anthropologie, Psychologie und Erziehungsphilosophie

1907
Eröffnung der Kindertagesstätte »Casa dei Bambini«

1909
Verbreitung der Montessori-Methode in Europa, den USA und Indien

1939–1946
Aufenthalt in Indien

1946–1952
Wohnort in den Niederlanden

6. Mai 1952
Gestorben in Nordwijk aan Zee, Niederlande

ROSA LUXEMBURG

»FREIHEIT IST IMMER DIE FREIHEIT DES ANDERSDENKENDEN, SICH ZU ÄUSSERN.«

Worte haben Kraft, Worte besitzen Macht, Worte können die Welt verändern. Die Politikerin Rosa Luxemburg wusste das. Sie erhob ihre Stimme, um sich für eine gerechtere Welt, Freiheit und Gleichheit einzusetzen. Ihre Ideen, die das Leben von Arbeitern verbessern sollten, galten als aufrührerisch und waren verboten. Das hielt Rosa nicht davon ab, sie in Reden und Vorträgen unters Volk zu bringen. Sie schrieb scharfzüngige Artikel für Zeitschriften und war Mitgründerin verschiedener Parteien. Mehrfach stand sie vor Gericht und saß im Gefängnis. Sie wurde mit dafür verantwortlich gemacht, die Regierung gewaltsam stürzen zu wollen – dieser Vorwurf kostete sie das Leben.

Freiheit, Gleichheit und politische Gerechtigkeit – für die Arbeiterbewegung mischte sich Rosa Luxemburg tatkräftig in die Politik ein.

VON POLEN IN DIE SCHWEIZ

Rosa Luxemburg wurde 1871 in eine jüdische Familie in Zamo geboren. Dieser Teil Polens gehörte damals zum russischen Zarenreich. Rosa besuchte das Gymnasium in Warschau, wo sie durch ihr Sprachtalent auffiel. Rosa las die Schriften von Karl Marx und trat der verbotenen kommunistischen Gruppe »Proletariat« bei, die Marx' neuartige Ideen umsetzen wollte. 1888 wurde ihr deshalb eine Auszeichnung als beste Abiturientin verweigert. Die Zarenpolizei verfolgte Rosa und sie floh in die Schweiz.

ARBEITER ALLER LÄNDER …

Nur an der Universität in Zürich konnten Männer und Frauen im deutschsprachigen Raum damals gleichberechtigt studieren. 1889–1897 belegte Rosa unter anderem Philosophie, Mathematik, Rechts- und Geschichtswissenschaft. In Zürich lernte sie viele Sozialisten und Marxisten kennen: Sie traten für Freiheit und gesellschaftliche Gleichheit ein und standen der Arbeiterbewegung nahe. Rosa war 1893 Mitgründerin einer Zeitschrift für die »Arbeitersache« und der Partei »Sozialdemokratie des Königreiches Polen« (SDKP). Ihr Ziel: in ganz Europa die Wirtschaftsordnung Kapitalismus (in deren Mittelpunkt Eigentum und Konsum steht) und die Staatsform Monarchie (ein König ist Staatsoberhaupt) abzuschaffen.

AUFSTIEG IN DER SPD

1898 zog Rosa Luxemburg nach Berlin. Da sie die deutsche Staatsbürgerschaft brauchte, heiratete sie zum Schein den Sohn ihrer deutschen Gastfamilie in Zürich. In Berlin angekommen, trat sie sofort der Sozialdemokratischen Partei Deutschlands (SPD) bei. Für diese Arbeiterpartei ging Rosa auf Wahlkampftour und war eine Zeit lang Chefredakteurin bei der Sächsischen Arbeiterzeitung in Dresden. 1904 widersprach sie öffentlich Kaiser Wilhelm II., der behauptet hatte, er würde die Arbeiter und ihre Lage bestens verstehen. Dafür saß sie wegen »Majestätsbeleidigung« sechs Wochen im Gefängnis.

EINSATZ FÜR DEN FRIEDEN

1912 schickte die SPD Rosa Luxemburg als ihre Vertreterin zum europäischen Sozialistenkongress nach Paris. Dort beschlossen die europäischen Arbeiterparteien, was sie im Fall eines Kriegsausbruchs tun würden: zum Generalstreik aufrufen, also nicht mehr zu arbeiten. 1913 wurde ein Krieg immer wahrscheinlicher. Bei einer Rede forderte Rosa ihre Zuhörer auf, den Kriegsdienst zu verweigern. Sie wurde dafür mit einem Jahr Haft bestraft. 1914 brach der Erste Weltkrieg aus. Die SPD stimmte zu, im Krieg auf Lohn und Streiks zu verzichten und dafür Gelder für den Kriegseinsatz aufzunehmen. Das sah Rosa als großen Verrat an den Arbeitern. Sie gründete mit weiteren Kriegsgegnern aus der SPD die »Gruppe Internationale«. Daraus ging 1916 der »Spartakusbund« hervor.

POLNISCH-DEUTSCHE POLITIKERIN

7. März 1871
Geboren in Zamość, Russisch-Polen

1889
Flucht in die Schweiz

1898
Umzug nach Berlin; Eintritt in die SPD

1904
Anklage wegen »Majestätsbeleidigung«

1914
Gründung der »Gruppe Internationale«

1915–1918
Gefängnisaufenthalt

1918/1919
Gründung der KPD

Anfang 1919
»Spartakusaufstand«

15. Januar 1919
Ermordung in Berlin

DREI JAHRE KNAST

Anfang 1915 trat Rosa ihre Haftstrafe an, da sie dazu aufgerufen hatte, den Kriegsdienst zu verweigern. Drei Monate nach ihrer Entlassung wurde sie erneut für zwei Jahre eingesperrt: Sie galt als »Gefahr für die Sicherheit des Reichs«. Aus einem Gefängnis im damals deutschen Teil Polens beobachtete sie das Kriegsgeschehen und die Revolution in Russland. Sie äußerte sich dazu in Briefen und Aufsätzen, die unter einem Decknamen veröffentlicht wurden. Rosa wurde Ende 1918 freigelassen – und geriet in umwälzende Ereignisse.

SCHRECKLICHES ENDE

Ein Aufstand von Matrosen in Kiel weitete sich zur »Novemberrevolution« im gesamten Deutschen Reich aus. Das führte zum Ende der Monarchie. Die SPD rief die »Deutsche Republik« aus. Karl Liebknecht – ein Politiker des Spartakusbundes – verkündete etwa zeitgleich die »Freie Sozialistische Republik«. Zwei Monate kämpften die beiden politischen Seiten um die Macht. Rosa unterstützte Karl. Ihr Spartakusbund tat sich mit anderen linken Gruppen zur »Kommunistischen Partei Deutschlands« (KPD) zusammen. Die KPD organisierte eine Massendemonstration gegen die SPD. Daraus wurde im Januar 1919 der »Spartakusaufstand«, bei dem die Regierung gestürzt werden sollte. Regierungstruppen schlugen ihn mit Gewalt nieder. Sie verschleppten Rosa und Karl. Beide wurden als Anführer angeklagt, verhört, misshandelt und ein paar Tage später ermordet.

Rosa Luxemburg setzte sich immer streitbar und scharfzüngig für ihre Anliegen ein.

VERBÜNDETER KARL LIEBKNECHT

Sie werden meist in einem Atemzug genannt: Rosa Luxemburg und Karl Liebknecht. Er teilte ihre Gedanken, setzte sich für das Wohl der Arbeiter und für Frieden ein. Karl war ab dem Jahr 1900 Mitglied der SPD. 1916 gab er sich als Kriegsgegner zu erkennen und wurde aus der Partei ausgeschlossen. Sein Aufruf »Nieder mit dem Krieg! Nieder mit der Regierung!« brachte ihm viele Jahre im Gefängnis ein.

Alexandra Kollontai

Willensstark und freiheitsliebend war Alexandra Kollontai. Als Ministerin der Sowjetunion erkämpfte sie mehr Rechte für Frauen.

»Wir wollen doch nur das Beste für dich!« Doch was ihre Eltern für das Beste hielten – reich zu heiraten –, war Alexandra Kollontai nicht genug: Sie wollte ein freies, selbstbestimmtes Leben führen. Und die junge Russin setzte sich durch. Sie studierte und stritt ein Leben lang für die Rechte von Frauen. Nach der Revolution in Russland 1917 machte sie eine beispiellose Karriere: Sie wurde Volkskommissarin für Sozialfürsorge im ersten sowjetischen Kabinett. Einige ihrer fortschrittlichen Ansichten waren aber selbst der Regierung zu radikal. Deshalb bekam sie einen anderen Posten: Als Gesandte vertrat sie die Sowjetunion in Norwegen, Mexiko und Schweden. Alexandra Kollontai war die erste Ministerin und die erste anerkannte Diplomatin der Welt.

EINE FRAU BRICHT AUS

Alexandra Domontowitsch kam als Tochter eines ukrainischen Generals und dessen finnischer Frau in St. Petersburg zur Welt. Sie wuchs behütet auf und wurde von Hauslehrern in Russisch, Finnisch, Französisch, Englisch und Deutsch unterrichtet. Als sie 20 war, suchten ihre Eltern einen reichen Ehemann für sie aus – eine richtig »gute Partie«. Alexandra folgte jedoch ihrem Herzen: Sie heiratete ihren weniger reichen Cousin zweiten Grades, Wladimir Kollontai. Das Paar bekam einen Sohn. Fünf Jahre später verließ Alexandra Mann und Kind, weil sie frei sein wollte. 1898 ging sie in die Schweiz und studierte einige Monate an der Universität Zürich. Dort lernte sie auch Rosa Luxemburg kennen.

GEFÄHRLICHE FRAUENRECHTE

Zurück in Russland besuchte Alexandra 1899 eine Textilfabrik. Die Arbeits- und Lebensbedingungen der Menschen dort schockierten sie. Als Mitglied der verbotenen Sozialdemokratischen Arbeiterpartei Russlands wollte sie Veränderungen in ihrem Land bewirken. Noch wichtiger war für sie die Gleichberechtigung von Frauen. Die forderte sie in zahlreichen Schriften und auch in einer Rede auf dem Ersten Allrussischen Frauen-

kongress 1908 ein. Damit eckte sie so sehr an, dass ihr die Verhaftung drohte. Alexandra flüchtete vor der Zarenpolizei nach Berlin. Als erklärte Kriegsgegnerin organisierte sie 1914 ein Antikriegstreffen für Frauen. Sie wurde in Deutschland als »feindliche Ausländerin« verhaftet, konnte aber mithilfe von Karl Liebknecht verhindern, nach Russland abgeschoben zu werden. Sie ging stattdessen nach Skandinavien. Bis 1917 hielt sie in vielen europäischen Ländern und in den USA Vorträge zu Frauenrechten.

FRAU MINISTERIN

Anfang 1917 kehrte Alexandra Kollontai nach Russland zurück. In dieser Zeit stürzten Revolutionäre den Zaren. Die »Bolschewiki« und ihren Anführer Lenin unterstützte Alexandra tatkräftig. Am 7. November 1917 kamen die Bolschewiki an die Macht. Das Land hieß nun Sowjetunion. Lenin holte Alexandra Kollontai als einzige Frau in sein Kabinett: Sie wurde damit zur weltweit ersten Ministerin. Als Kommissarin für Volksfürsorge trat sie dafür ein, das Gesundheitswesen und die Arbeitsbedingungen für Frauen zu verbessern. Frauen erhielten unter anderem das Recht auf Scheidungen. Volksküchen und staatlich organisierte Kindererziehung sollten Frauen aus ihrer »Nur Mutter«-Rolle befreien.

IM DIPLOMATISCHEN DIENST

Auch die Ehe als einzig mögliche Form des Zusammenlebens von Mann und Frau stellte Alexandra infrage – das ging selbst Lenin zu weit! Im März 1921 musste sie alle bisherigen Ämter aufgeben. Aufgrund ihrer Landes- und Sprachkenntnisse wurde sie 1923 als Gesandte nach Norwegen geschickt. Dort vertrat sie die Sowjetunion – und war die erste Diplomatin weltweit. 1926 wurde sie kurz in Mexiko eingesetzt, danach wieder in Norwegen und ab 1930 in Schweden. In der Sowjetunion regierte seit 1927 der grausame Diktator Josef Stalin. Alexandra Kollontai vertrat ihr Land trotzdem weiter. 1943 verlieh Stalin ihr den Titel als Botschafterin. Alexandra Kollontai zog sich nach dem Zweiten Weltkrieg ins Privatleben zurück. Sie blieb jedoch bis zum Ende ihres Lebens Beraterin des russischen Außenministeriums.

»Ich habe viel erreicht, viel gekämpft, viel gearbeitet, aber ich konnte mich auch freuen am Leben, wie immer es aussah.«

SOWJETISCHE MINISTERIN UND BOTSCHAFTERIN

31. März 1872
Geboren als Alexandra Domontowitsch in St. Petersburg

1898
Beginn des Volkswirtschaftsstudiums in Zürich

1918–1919
Volkskommissarin für Sozialfürsorge

1923–1945
Gesandte in Norwegen, Mexiko und Schweden

9. März 1952
Gestorben in Moskau

LISE MEITNER

»ICH WAR SEIT MEINEM 13. JAHR VON DEM WUNSCH BESESSEN, MICH ZUR GYMNASIAL-MATURA VORZUBEREITEN, UM MATHEMATIK UND PHYSIK ZU STUDIEREN.«

Das Denkmal für Lise Meitner im Hof der Humboldt-Universität in Berlin

Mit Lichtgeschwindigkeit ins nächste Physiklabor! Hätte es den »Girls'Day« im Jahr 1878 schon gegeben, hätte Lise Meitner sofort gewusst, welchen »Männerberuf« sie ausprobiert hätte. Doch damals galt: Frauen haben in der (Natur-)Wissenschaft nichts verloren! Davon ließ Lise sich aber nicht entmutigen. Sie studierte ihr Lieblingsfach Physik und behauptete sich als Forscherin in der Männerwelt. Später lehrte sie als Professorin für experimentelle Kernphysik in Berlin. Vor den Nationalsozialisten musste sie nach Schweden fliehen. Im Exil machte sie – auf dem Papier – ihre größte Entdeckung. Diese sorgte dafür, dass jemand anderes den Nobelpreis erhielt und Lise nur den Beinamen »Mutter der Atombombe«.

WEIL ICH EIN MÄDCHEN BIN …

Lehrerin – ein schöner Beruf für Frauen! Um 1900 war er in Österreich einer der wenigen, den Mädchen ohne Studium ergreifen durften. Studieren konnte nur, wer am Gymnasium das Abitur machte: Dabei gab es aber nur Jungen-, keine Mädchengymnasien. Lise bestand 1901 das Lehrerinnenexamen für Französisch. Nebenbei bereitete sie sich auf eine wichtige Prüfung vor: die Matura (Abitur), die sie mit 22 Jahren als Gast an einem Jungengymnasium ablegte. Danach wurde sie als eine der ersten Frauen an der Universität von Wien zugelassen. Aufsehen erregte ihre Fächerwahl Mathematik und Physik: Bisher hatte nur Olga Steindler (1879–1933) als Frau an der Universität Wien Physik studiert und 1903 in dem Fach promoviert. Lise Meitner und Selma Freud (1877–1933) waren drei Jahre später die nächsten beiden Frauen, die Doktorinnen der Physik in Österreich wurden. Lise fand ziemlich schnell ihr Forschungsgebiet: die neu entdeckte Radioaktivität.

LIZENZ ZUM FORSCHEN

1907 ging Lise Meitner ins preußische Berlin. Dort war es Frauen damals verboten, die Vorlesungs- und Experimentierräume an Universitäten zu betreten. Doktorin Lise Meitner erhielt aufgrund ihrer außergewöhnlichen Begabung für Physik eine Sondererlaubnis zum Forschen. Dennoch musste sie als Frau das Vorlesungsgebäude durch den Hintereingang betreten. So konnte sie die Vorträge von Max Planck hören, Physikprofessor und Begründer der Quantenphysik. In Preußen wurde erst ein Jahr später das Frauenstudium offiziell eingeführt.

ZUSAMMENARBEIT MIT OTTO HAHN

In Berlin lernte Lise den fast gleichaltrigen Chemieprofessor Otto Hahn kennen. Sie begannen am neu gegründeten Chemischen Institut zusammenzuarbeiten. Der Institutsleiter machte es ihnen jedoch schwer: Er wollte keine Frauen in den eigentlichen Laborräumen haben. Deshalb zogen Otto Hahn und Lise Meitner in den Keller. In der sogenannten »Holzwerkstatt« nahmen sie Strahlenmessungen vor. Ab 1912 arbeiteten Lise und Otto am Kaiser-Wilhelm-Institut für Chemie weiter. 1913 bekam Lise dort eine bezahlte Stelle als wissenschaftliches Mitglied.

KRIEGSEINSATZ UND PROFESSUR

Im Ersten Weltkrieg ging Lise 1915 als Röntgenschwester an die Front. 1917 kehrte sie nach Berlin zurück. Sie entdeckte zusammen mit Otto das »Protactinium«, ein neues chemisches Element. Lise Meitner übernahm die Leitung der radiophysikalischen

Abteilung am Kaiser-Wilhelm-Institut. Sie untersuchte vor allem die Alpha-, Beta- und Gamma-Strahlung – verschiedene Arten der Radioaktivität – und die Vorgänge im Atomkern. Diese Forschung machte sie international bekannt. Sie lernte Albert Einstein und Marie Curie persönlich kennen – zwei herausragende Naturwissenschaftler. 1922 war Lise die erste Frau, die an einer deutschen Universität in Physik habilitierte, 1926 wurde sie erste außerordentliche Professorin für experimentelle Kernphysik an der Berliner Universität.

UNGEHEURE ENTDECKUNG

Lise Meitner war zwar protestantisch getauft, aber jüdischer Abstammung. Deshalb entzogen ihr die Nazis 1933 die Lehrerlaubnis. Bis 1938 konnte Lise weiterforschen, floh dann aber mithilfe von Otto Hahn nach Schweden. In Stockholm arbeitete sie am Nobel-Institut für Physik. Otto Hahn informierte Lise in Briefen 1939 über seine Experimente mit »Transuranen«. Er beschoss sie mit Neutronen und hatte erwartet, sie würden dadurch schwerer. Stattdessen schienen sie zu »zerplatzen« und verloren an Gewicht. Er fragte Lise Meitner nach einer »fantastischen Erklärung« dafür. Die Physikerin rechnete den Vorgang auf kleinen Zetteln beim Waldspaziergang durch – zusammen mit ihrem Neffen, dem Kernphysiker Otto Robert Frisch. Sie deuteten das Geschehen als »Kernspaltung«. Lise erkannte sofort, welch ungeheure Energie dabei freigesetzt wurde – und wozu das in Kriegszeiten führen würde: zum Bau der Atombombe.

NOBELPREISLOS

1945 erhielt nur Otto Hahn für den radiochemischen Nachweis der Kernspaltung den Nobelpreis für Chemie. Weder Lise Meitner noch ihr Neffe wurden mitberücksichtigt. Otto Hahn und weitere Wissenschaftler schlugen Lise insgesamt 48-mal für den Nobelpreis vor. Sie bekam ihn nie, dafür 21 andere wissenschaftliche Auszeichnungen. Ab 1947 leitete Lise die kernphysikalische Abteilung an der Königlich-Technischen Hochschule Stockholm und hatte mehrere Gastprofessuren in den USA. 1960 zog sie zu ihrem Neffen nach Cambridge, wo sie 1968 starb. Bis an ihr Lebensende setzte sich Lise Meitner für die friedliche Nutzung der Kernkraft ein.

NOBELPREIS = MÄNNERPREIS?

Nicht Lise Meitner bekam für die Entdeckung der Kernspaltung den Nobelpreis, sondern der Chemiker Otto Hahn. 50 Jahre später legte das Nobelpreis-Komitee die Gründe dafür offen: Meitner habe ja »nur« die Theorie geliefert. Ein ungerechter Einzelfall? Ein Blick auf die Liste der Nobelpreisträger von 1901 bis 2018 zeigt – Frauen werden wesentlich seltener mit dem Preis ausgezeichnet: Auf 776 Männer kommen nur 51 Frauen! 17 Frauen bekamen bisher den Nobelpreis für Frieden, 14 erhielten ihn für Literatur und weitere zwölf für Physiologie oder Medizin. Fünf Frauen verlieh man einen Chemie-Nobelpreis, erst drei erhielten ihn für Physik. Der Wirtschaftspreis, der seit 1969 vergeben wird, wurde bislang 80 Männern und einer Frau zugesprochen.

ÖSTERREICHISCHE KERNPHYSIKERIN

7. November 1878
Geboren in Wien, Österreich

1901–1906
Studium der Mathematik, Physik und Philosophie in Wien

1906
Promotion in Physik

1907
Beginn der Zusammenarbeit mit Otto Hahn in Berlin

1922
Habilitation als erste Frau in Physik

1926
Außerordentliche Professorin für Physik in Berlin

1938
Exil in Schweden

1939
(Mit-)Entdeckung der Kernspaltung

1947
Forschungsprofessur an der Königlich-Technischen Hochschule von Stockholm

27. Oktober 1968
Gestorben in Cambridge, Großbritannien

Lise Meitner bereicherte durch ihre Forschungen die Kernphysik und ebnete nachfolgenden Frauen den Weg in die Naturwissenschaften.

VIRGINIA WOOLF

» Verschließt eure Bibliotheken, wenn ihr wollt; doch vor die Freiheit meines Geistes könnt ihr kein Tor, kein Schloss, keinen Riegel setzen. «

»Ein Zimmer für sich allein«, das war Virginia Woolfs großer Wunsch. Aber sie richtete ihn nicht an ihre Eltern. Die englische Schriftstellerin veröffentlichte 1929 einen Text mit diesem Titel. Darin forderte sie mehr Raum für kreative Frauen ein: einen Ort, an dem sie ungestört träumen, schreiben, komponieren oder malen konnten. Freiraum hieß für sie aber auch, dass Frauen ihr eigenes Geld verdienten. Virginia machte so auf etwas aufmerksam, was sie selbst erlebt hatte: Mädchen und Frauen wurden im viktorianischen England kleingehalten. Sich frei zu entfalten und selbstbestimmt zu leben, war für sie nicht vorgesehen. Virginia Woolf fand trotz vieler Schwierigkeiten ihren Weg. Sie wurde eine erfolgreiche Autorin. Mit ihren Romanen entwickelte sie eine neue literarische Ausdrucksform.

Virginia Woolf schrieb nicht nur Romane. Sie zeigte auch auf, wie und warum Frauen jahrhundertelang am Schreiben gehindert wurden.

UNGLEICHE STARTBEDINGUNGEN

Adeline Virginia Stephen wurde 1882 in London geboren. Sie wuchs in einer Art Patchworkfamilie mit acht Geschwistern und Halbgeschwistern auf. Die Mädchen wurden zu Hause unterrichtet, aber die Jungen besuchten eine Schule, was ihnen später den Zugang zur Universität ermöglichte. Für Mädchen war das bis 1910 nicht vorgesehen. Virginia begann früh zu schreiben. Ihr erster Artikel erschien 1904. Danach veröffentlichte sie weitere Beiträge in der Literaturbeilage der angesehenen Tageszeitung »Times«.

DIE BLOOMSBURY GROUP

Virginia erlitt mit 13 Jahren einen Nervenzusammenbruch, als ihre Mutter starb, und auch beim Tod ihres Vaters 1904 stürzte sie in tiefe Verzweiflung. Erst als ihre Geschwister 1905 das Elternhaus verkauften und sie alle in den Londoner Stadtteil Bloomsbury zogen, erholte sie sich. In ihrem Haus kamen viele Schriftsteller, Künstler und Wissenschaftler zusammen. Die »Bloomsbury Group« traf sich regelmäßig, diskutierte miteinander und wurde für ihre modernen Ansichten berühmt. In diesem Salon lernte Virginia den Autor und Verleger Leonard Woolf kennen, den sie 1912 heiratete.

EIN VERLAG IM ESSZIMMER

1907–1913 schrieb Virginia an ihrem ersten Roman »Die Fahrt hinaus«. Nachdem sie ihn beendet hatte, erkrankte sie an Depressionen. 1915 wurde der Roman veröffentlicht. Im selben Jahr zogen Virginia und Leonard Woolf ins Hogarth House in Richmond bei London. Dort gründeten sie 1917 einen eigenen Verlag, »The Hogarth Press«. Sie gaben moderne Werke aus Großbritannien, den USA und Russland heraus sowie ihre eigenen Schriften. Virginia machte neue Autoren ausfindig, las und bearbeitete deren Texte. Anfangs setzte, druckte und band das Ehepaar die Bücher selbst: in der Speisekammer und im Esszimmer!

IM BEWUSSTSEINSSTROM

Virginia Woolf begann bei ihren eigenen Romanen zu experimentieren: Sowohl bei »Jacobs Zimmer« (1922) als auch bei »Mrs. Dalloway« (1925), ihrem bedeutendsten Werk, setzte sie eine neuartige Schreibtechnik ein: den »inneren Monologs« oder »Bewusstseinsstrom«. Das Geschehen wurde dabei in Form von inneren Gedankenfetzen, Stimmungen, Eindrücken und Empfindungen der Romanfiguren wiedergegeben. 1927 vollendete Virginia Woolf den autobiografischen Roman »Zum Leuchtturm«, in dem sie die Geschichte ihrer Familie schilderte. 1928 erschien der Roman »Orlando«. Er gilt als Virginias Liebeserklärung an ihre Freundin, die berühmte Dichterin und Gartengestalterin Vita Sackville-West. Mit ihr hatte sie seit 1922 eine Liebesbeziehung.

FREITOD IM FLUSS

1929–1936 erschienen drei weitere Bücher und mehrere Essays von Virginia. »Ein Zimmer für sich allein« wurde von Frauenrechtlerinnen hoch gelobt und galt als wichtige Schrift für die Frauenbewegung. Im Herbst 1939 brach der Zweite Weltkrieg aus und Virginias Depressionen nahmen wieder zu – sie wollte nicht mehr leben. 1941 steckte sich die eigentlich sehr gute Schwimmerin schwere Steine in die Manteltaschen und ertränkte sich im Fluss Ouse.

ENGLISCHE SCHRIFTSTELLERIN UND VERLEGERIN

25. Januar 1882
Geboren als Adeline Virginia Stephen in London, England

1905
Beginn der Treffen der »Bloomsbury Group«

1912
Heirat mit Leonard Woolf

1915
Virginias erstes Buch »Die Fahrt hinaus« erscheint

1917
Gründung des Verlags »The Hogarth Press«

1922–1927
Drei weitere Romane werden gedruckt

1929–1936
Drei weitere Bücher und mehrere Essays

28. März 1941
Gestorben nahe Rodmell, Südengland

LILI ELBE

Ihr wahres Ich leben zu können, war für Lili Elbe eine besondere Herausforderung. Das machte sie zur Vorreiterin der Transgender-Bewegung.

IM FALSCHEN KÖRPER

Lili Elbe war 1882 im dänischen Vejle auf die Welt gekommen. Im lokalen Taufregister wurde sie als »männlich« und »Einar Wegener« eingetragen. Für »Einar« stimmte dieses Geschlecht jedoch nicht. Außerdem spielte er mit Puppen, stickte und strickte gerne. Seine Brüder lachten ihn deshalb und für seine hohe Stimme aus. Röcke zu tragen, das ging nur heimlich, obwohl er es als die passendere Kleidung empfand. Immer noch als »Einar« studierte er an der Königlich Dänischen Kunstakademie in Kopenhagen. Dort lernte er die Malerin Gerda Gottlieb kennen. Die beiden heirateten 1904.

Nicht Junge, nicht Mädchen? Halb Junge, halb Mädchen? Innen Mädchen, außen Junge? Schon als Kind fragte sich die dänische Malerin Lili Elbe, was sie eigentlich war. Körperlich schien sie ein Junge zu sein, bekam nach der Geburt einen Jungennamen (»Einar«) und wuchs als Junge auf. Sie selbst begriff sich aber als Lili, ein weibliches Wesen, gefangen in einem männlichen Körper. Als Erwachsene gab sie der Frau in sich mehr und mehr Raum und begann Frauenkleidung zu tragen, sich zu schminken und weiblich zu bewegen – erst heimlich, dann in geschütztem Rahmen. Doch die innere Zerrissenheit blieb. Schließlich war es ein Arzt, der Lili 1930 auf besondere Weise helfen konnte: mit einer nicht ganz ungefährlichen Operation. Sie machte Lili zu einer Pionierin der Geschlechtsumwandlung.

EIN DOPPELLEBEN

Einar malte Landschafts- und Architekturbilder. Seine Werke machten ihn bekannt und wurden ausgezeichnet. Gerda fertigte vor allem Frauenporträts an. Für einige ihrer Bilder stand Einar Modell – als Frau in entsprechender Aufmachung. Er hatte damit eine Möglichkeit gefunden, auch als Lili zu leben, denn die engsten Freunde wussten, dass Einar und Lili ein und dieselbe Person waren. Sie hatten kein Problem mit Einars »Verkleidungsspiel«. In der Öffentlichkeit und Fremden gegenüber gab Gerda Lili als Schwester ihres Mannes aus. Als die Kopenhagener Gesellschaft die Wahrheit erfuhr, war sie

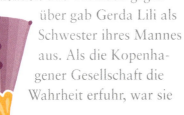

schockiert. Gerda und Einar zogen 1912 nach Paris. Sie hofften, Einar könnte dort als Frau endlich freier leben.

KEINE RUHE IN PARIS

Einar selbst setzte der Wechsel zwischen dem Leben als Mann und als Frau stark zu. Um Lili zu sein, musste er Einar auslöschen. Nur als Einar wollte er nicht mehr leben. Die Pariser Ärzte konnten ihm aus dieser Zwickmühle nicht heraushelfen. Eine Kunstsammlerin machte ihn mit dem Dresdner Frauenarzt Kurt Warnekros bekannt. Einar erzählte ihm in einem Pariser Hotel von seinem Problem und ließ sich untersuchen. Warnekros stellte fest, dass Einars Körper mehr weibliche als männliche Anteile besaß, und schlug ihm eine Operation zur »Geschlechtsangleichung« vor. Sie war damals noch wenig erprobt.

EIN NOTWENDIGER SCHRITT

Im Februar 1930 entschloss sich Einar zu der Operation, die am Berliner Institut für Sexualwissenschaft vorgenommen wurde. Einar ließ sich danach in Dänemark als Lili Elvenes im Melderegister eintragen und war damit endlich offiziell eine Frau. Ihr neuer Pass war später auf den Namen Lili Elbe ausgestellt. Die Ehe der Wegeners wurde für ungültig erklärt, da damals zwei Frauen noch nicht verheiratet sein durften. Im Mai 1930 unterzog sich Lili in Dresden einer zweiten Operation. Sie war glücklich mit ihrem neuen Körper, wollte aber auch gerne Mutter werden. Warnekros erklärte sich bereit, ihr eine Gebärmutter einzupflanzen. Von diesem riskanten Eingriff erholte sich Lili jedoch nicht. Sie starb 1931. Ihre Wandlung zur Frau hielt Lili Elbe in eigenen Worten fest. Diese Aufzeichnungen erschienen als Buch direkt nach ihrem Tod auf Dänisch, 1932 auf Deutsch. Auch der 2015 gedrehte Film »The Danish Girl« erzählt von Lilis Selbstfindung.

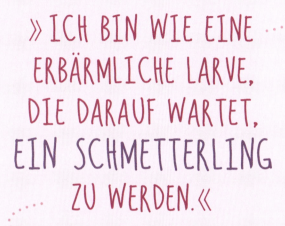

»ICH BIN WIE EINE ERBÄRMLICHE LARVE, DIE DARAUF WARTET, EIN SCHMETTERLING ZU WERDEN.«

DÄNISCHE MALERIN, TRANS- UND INTERGESCHLECHTLICHE FRAU

28. Dezember 1882
   Geboren als Einar Wegener in Vejle, Dänemark

1904
   Heirat mit der Malerin Gerda Gottlieb

1912
   Übersiedlung nach Paris

März 1930
   Erste geschlechtsangleichende Operation

Mai 1930
   Zweite Operation

1931
   Annullierung der Ehe; neuer Pass als Frau

12. September 1931
   Gestorben in Dresden

Coco Chanel

Atemlos durch den Tag – aber nicht, weil der so stressig wäre. Anfang des 20. Jahrhunderts war es für Frauen hip, sich für eine schlanke Taille in Korsetts aus starrem Fischbein zu pressen: Das schnürte ihnen die Luft ab. Aus diesem Mode-Gefängnis befreite sie Coco Chanel. Die französische Modeschöpferin schuf einen völlig neuen Stil: Sie wählte für ihre weiten Röcke, schlichten Kleider, luftigen Hosen und weichen Blusen den dehnbaren Stoff Jersey. Ihre Entwürfe trugen auf ganz praktische Weise zur Emanzipation bei: Frauen begannen sich frei und ungehindert zu bewegen. Coco Chanel selbst wurde zur Mode-Ikone. Sie trug Hosen, einen Pagenkopf und ihr eigenes Parfüm. Modeschmuck und das legendäre »Kleine Schwarze« waren ihre Erfindungen. Aus ihren Boutiquen machte die kluge Geschäftsfrau ein Mode-Imperium mit Weltruf.

»MODE IST VERGÄNGLICH. STIL NIEMALS.«

NÄHEN LERNEN IM WAISENHAUS

Gabrielle Chasnel, am 17. August 1883 geboren, wuchs in ärmlichen Verhältnissen auf. Ihr Vater war ein Händler, der von Tür zu Tür zog, ihre Mutter arbeitete als Wäscherin. Gabrielle war zwölf Jahre alt, als ihre Mutter starb. Sie und ihre ältere Schwester Julia wurden als Halbwaisen in ein Waisenhaus gesteckt. Es wurde von Nonnen geführt, die Gabrielle im Nähen und Sticken unterrichteten. Sie verließ das Waisenhaus mit 16 Jahren und arbeitete als Näherin. Dann zog sie nach Paris, wo sie als Tänzerin und Sängerin in verschiedenen Nachtclubs unter dem Künstlernamen »Coco« auftrat.

FRANZÖSISCHE MODESCHÖPFERIN

17. August 1883
Geboren als Gabrielle Chasnel in Saumur, Frankreich

1913-1915
Erste Boutiquen in Deauville und Biarritz

1918
Eigener Modesalon in Paris

1923
Parfüm Chanel N° 5 entsteht

1926
Erster Entwurf des »Kleinen Schwarzen«

1954
Erste Kollektion nach dem Krieg

10. Januar 1971
Gestorben in Paris

HÜTE, KLEIDER UND VIEL MEHR

1909 begann Coco als »Modistin« in Paris zu arbeiten – sie entwarf Hüte. Ein Bekannter lieh ihr Geld, damit sie ihren Traum verwirklichen konnte: 1910 fertigte sie in einem kleinen Atelier ihre erste eigene Hutkollektion an. Sie hatte Erfolg und eröffnete ein Hutgeschäft. Im Auftrag ihrer Kundinnen schneiderte sie auch Kleider. Sie erregten großes Aufsehen, weil sie ganz anders waren als die bisherige Mode: schlichte Schnitte, klare Linien, wenige Farbtöne, weiche, fließende Stoffe, unglaublich bequem. In der Pariser Szene wurden sie zum letzten Schrei und verkauften sich sehr gut. Unter dem Namen »Chanel Modes« eröffnete Coco 1913 eine Boutique im französischen Seebad Deauville.

Weltberühmt und voller Lampenfieber: Die Modeschöpferin Coco Chanel beobachtete 1969 die Präsentation ihrer neuesten Kollektion von einer Treppe aus.

ZWEI KLASSIKER

Bereits 1915 besaß Coco Chanel eine weitere Boutique in Biarritz sowie einen Modesalon in Paris. Schon ein Jahr später konnte sie 300 Näherinnen beschäftigen und 1918 einen Haute-Couture-Salon eröffnen. Ihren Durchbruch schaffte sie allerdings mit einem Duft: Bei dem Parfümeur Ernest Beaux gab sie »ein Parfüm für Frauen, das den Duft der Frauen trägt« in Auftrag. Aus den Proben, die er ihr vorlegte, wählte sie die Nummer fünf aus: Chanel N° 5 war geboren. Es wurde ab 1923 in einem für die Zeit ungewöhnlich einfachen und flachen Flakon verkauft. 1926 entwarf Coco Chanel mit dem »Kleinen Schwarzen« ihren zweiten Klassiker. Das knielange Kleid galt in den 20er-Jahren als Must-have für die moderne Frau. Coco hatte es so angepriesen: »Dieses schlichte Kleid wird eine Art von Uniform für alle Frauen mit Geschmack werden.«

HOLLYWOOD, KRIEG UND EIN COMEBACK

1931 wurde Coco Chanel gebeten, für einen Hollywoodfilm die Kostüme zu entwerfen. Sie gefielen den Filmemachern jedoch nicht, dafür wurden die Stars Marlene Dietrich und Greta Garbo Fans von Chanel. Mit Ausbruch des Zweiten Weltkriegs schloss Coco Chanel ihr Modeunternehmen. Sie arbeitete als Agentin für die deutschen Besatzer, weshalb sie bei den Franzosen in Ungnade fiel. Erst 1954 präsentierte die über 70-jährige Coco Chanel eine neue Kollektion. Ihre gerade geschnittenen Tweed-Kostüme wurden zum Standardoutfit der eleganten Dame. Inzwischen sind sie für die Geschäftsfrau das, was der Businessanzug für den Geschäftsmann ist. Coco Chanel starb mit 88 Jahren in ihrer Wohnung im Hotel Ritz in Paris. Dort hatte sie seit 1937 gelebt.

Mary Wigman

»DORT, WO DAS WISSEN UM DIE DINGE AUFHÖRT, WO NUR DAS ERLEBNIS GESETZ IST, BEGINNT DER TANZ.«

Hexentanz! Mit nackten Füßen, allein auf der Bühne, begleitet nur von Gongs oder Trommelklängen oder völlig ohne Musik – was Mary Wigman 1914 erstmals aufführte, hatte die Welt noch nicht gesehen. Sie setzte ihr inneres Empfinden in Bewegungen um, die von der Musik weitestgehend unabhängig waren. Damit revolutionierte sie den Bühnentanz und erlangte Weltruhm. 1920 gründete sie eine Schule für modernen Ausdruckstanz in Dresden und bildete Hunderte von Schülern in Deutschland, Europa und den USA in ihrer Art zu tanzen aus. Unter der Nazi-Diktatur versuchte Mary sich anzupassen, was zum Glück scheiterte. Dem Tanz blieb sie ihr Leben lang treu.

Innere Gefühle drückte Mary Wigman im Tanz auf der Bühne aus. Sie erschuf damit die Stilrichtung des »New German Dance«.

BLOSS KEINEN BLAUSTRUMPF!

Karoline Sofie Marie Wiegmann, Spitzname »Mary«, wurde 1886 als Tochter eines Fahrradhändlers in Hannover geboren. Sie besuchte eine höhere Töchterschule in Hannover, die sie mit 14 Jahren verließ. Eigentlich wollte sie eine weiterführende Schule besuchen und studieren, doch ihre Eltern fürchteten, sie könnte ein »Blaustrumpf« werden, also eine dieser modernen, unabhängigen Frauen. Sie schickten Mary deshalb auf Mädchenpensionate in England und in der Schweiz. 1910–1912 ging Mary nach Dresden und studierte rhythmische Gymnastik.

GEFÜHLE AUSDRÜCKEN

Als Kind hatte Mary ein Schlüsselerlebnis: Sie entdeckte, wie sie ihre Traurigkeit überwinden konnte – indem sie dieses Gefühl in Bewegungen umsetzte. Diese Art des freien Ausdrucks suchte sie im Tanz. Doch der war um die letzte Jahrhundertwende herum sehr stark an die Musik und vorgegebene Schritte gebunden. Der berühmte Maler Emil Nolde gab Mary einen Tipp: Sie sollte Rudolf von Labans »Schule für Kunst« auf dem Monte Verità in der Schweiz besuchen. Mary studierte ab 1913 bei dem ungarischen Tänzer, Choreografen und Vorreiter des modernen Tanzes und war ab 1914 seine Assistentin. Laban unterrichtete Tanz aus dem Stegreif und der ganz eigenen Gestaltung heraus: tanzen, was oder wie man sich fühlt.

SOLO UNTERWEGS

1914 trat Mary in München erstmals als Solistin mit ihrem »Hexentanz« auf – und wurde nicht verstanden. Sie entwickelte in den folgenden Jahren weitere eigene Choreografien. 1918 ging sie unter dem Künstlernamen Mary Wigman auf Tournee durch Deutschland und die Schweiz. Ihr Durchbruch als Tänzerin eines neuen Stils gelang ihr 1919 in Dresden. Ein Jahr später zog sie ganz dorthin und eröffnete die Wigman-Schule. Mit der von ihr gegründeten Kammertanzgruppe hatte sie Auftritte in ganz Deutschland und Europa.

»NEW GERMAN DANCE«

Anfang der 1930er-Jahre tourte Mary durch die USA. Sie wurde dort als Schöpferin des »New German Dance« bejubelt. 1933 kehrte sie nach Deutschland zurück. Die Nationalsozialisten waren an der Macht und entzogen ihr die Leitung ihrer eigenen Schule. Sie beauftragten sie aber, zur Eröffnung der Olympischen Spiele 1936 in Berlin eine »Totenklage« zu choreografieren. 1942 erhielt Mary Wigman schließlich Auftrittsverbot. Ihre Kunst galt als »entartet«. Sie zog nach Leipzig und unterrichtete Tanz an der Hochschule für Musik.

VON OST NACH WEST

Nach Kriegsende 1945 gründete Mary ihre Schule in ihrer Leipziger Wohnung neu. Bis 1949 beeindruckten sie und ihre Schüler mit aufsehenerregenden Darbietungen. Dann ging Mary nach Westberlin, um sich freier entfalten zu können. Sie gründete das Mary-Wigman-Studio und wurde gefragte Choreografin zahlreicher Tanz- und Opernaufführungen. 1953 trat sie selbst zum letzten Mal auf. 1967 schloss sie ihr Studio und war in ihren letzten Lebensjahren Vortragsreisende in Sachen Tanzkunst.

DEUTSCHE TÄNZERIN, CHOREOGRAFIN UND TANZPÄDAGOGIN

13. November 1886
Geboren als Karoline Sofie Marie Wiegmann in Hannover

1910–1912
Ausbildung in rhythmischer Gymnastik in Dresden

1913
Aufenthalt in der Künstlerkolonie Monte Verità

1914
Erste Auftritte als Solotänzerin

1920
Gründung einer Schule für modernen Tanz in Dresden

1936
Choreografie für eine Aufführung zu den Olympischen Sommerspielen

1945–1949
Neuanfang in Leipzig

1949
Übersiedlung nach Westberlin

1953
Letzter Auftritt als Tänzerin

18. September 1973
Gestorben in Berlin

CLÄRENORE STINNES

Clärenore Stinnes liebte das Abenteuer und Autos. Also fuhr sie in einem Wagen einmal rund um die Welt – als erste Frau.

Einmal um die ganze Welt zu reisen – das hatte sich Clärenore Stinnes fest vorgenommen. Aber nicht in einem Flieger. Und eine Luxusreise auf einem Kreuzfahrtschiff kam für sie ebenfalls nicht infrage. Nein, sie wollte der erste Mensch sein, der am Steuer eines Autos einmal die Welt umrundete. Von Autos verstand Fräulein Stinnes etwas: 1924 fuhr sie ihr erstes Autorennen. Nur drei Jahres später war die junge Deutsche die erfolgreichste RennfahrerIn Europas. Klar, dass sie wusste, wie man ein Auto reparierte. Trotzdem nahm sie 1927 drei Männer mit auf die Reise – nur einer davon stand die Expedition mit ihr bis zum Schluss durch. Und ein ganz besonderer Adler verlieh ihr die Flügel, um ihr irrwitziges Vorhaben durchzuziehen.

PAPAS LIEBLING

Clärenore kam als Tochter des mächtigen Industriellen und Politikers Hugo Stinnes in Mülheim an der Ruhr zur Welt. Sie wuchs mit sechs Geschwistern auf. Früh lernte sie, sich gegenüber ihren Brüdern zu behaupten. Sie hielt es für selbstverständlich, dass Frauen die gleichen Rechte hatten wie Männer. Mit 18 Jahren legte sie ihre Führerscheinprüfung ab. Um 1919 waren Autos noch selten und Auto fahrende Frauen die absolute Ausnahme. Clärenore hatte ein besonders vertrautes Verhältnis zu ihrem Vater: Sie arbeitete an seiner Seite mit im Konzern und begleitete ihn 1923 als seine Sekretärin nach Südamerika. Vermutlich hätte er ihr die Firmenleitung übertragen, wäre er nicht ein Jahr später gestorben.

EINE VERRÜCKTE IDEE

Clärenore wurde von ihrer Mutter und ihren Brüdern aus dem Familienkonzern gedrängt. Daraufhin startete sie eine sehr erfolgreiche Karriere als Rennfahrerin. Zwischen 1925 und 1927 gewann sie bei 17 Autorennen – anfangs unter dem Namen »Fräulein Lehmann«. Oft war sie die einzige weibliche Teilnehmerin. Dann fasste sie den Plan, als Erste mit dem Auto die Welt zu umrunden. Ihre schwerreiche Familie verwehrte ihr jegliche Unterstützung, aber Clärenore fand Sponsoren, die 100 000 Reichsmark spendeten. Fast noch wichtiger war das Angebot der Adler-Werke in Frankfurt am Main: Sie stellten ihr – zu Werbezwecken – einen »Adler Standard 6« zur Verfügung. Das Fahrzeug war ein ganz neues Automodell mit drei Gängen und 50 PS, Höchstleistung: 85 km/h. Clärenore bestand auf eine kleine Sonderausstattung: Sie ließ Liegesitze einbauen.

GANZ SCHÖN ABENTEUERLICH

Clärenore Stinnes brach am 24. Mai 1927 in Frankfurt am Main zur Reise ihres Lebens auf. 40 000 km – einmal der Erdumfang – lagen vor ihr. Zu ihrem Team gehörten zwei Mechaniker und der schwedische Kameramann und Fotograf Carl-Axel Söderström. Er sollte die Reise in Bildern festhalten. Erstes Ziel der Tour war Prag. Dort versagte die Kupplung des Wagens, sie konnte aber repariert werden. Es ging weiter ostwärts nach Bagdad, wo Temperaturen um die 54°C herrschten! In Sibirien fuhr die Gruppe über den zugefrorenen Baikalsee, überquerte nahezu unüberwindlich breite Flüsse und begegnete Wölfen. In der Wüste Gobi in China setzen ihnen Sandstürme und Räuber zu. Bequem war nur die Etappe per Schiff nach Japan und Hawaii. In Südamerika sprengten sich Clärenore und Carl-Axel oft mit Dynamit Wege in den Fels. Sie zogen das Auto auch gelegentlich per Flaschenzug extrem steile Abhänge hinauf oder hinab.

FRAU MECHANIKERIN

Bereits in Russland hatten die mitreisenden Mechaniker das Weite gesucht. Bei Pannen behob Clärenore den Schaden selbst, egal ob Ölpumpe, Benzinleitung oder Kugellager. Am 24. Juni 1929 trafen die Abenteurer in Berlin ein. Ihr Tacho zeigte 46 758 km an. Ihre unglaubliche Autotour einmal um die Welt hatte Carl-Axel Söderström in einem Film festgehalten, der wenige Monate nach ihrer Rückkehr im Kino gezeigt wurde. Kurze Zeit später ließ sich Carl-Axel Söderström von seiner Frau scheiden. Er und Clärenore Stinnes heirateten 1930 und lebten bis zu seinem Tod 1976 zusammen in Schweden, wo auch Clärenore 1990 starb.

> »Soweit ich in meine Kindheitstage zurückblicken kann, war ich nie frei von dem Wunsch nach Abenteuern.«

AUS: CLÄRENORE STINNES, IM AUTO DURCH ZWEI WELTEN: DIE ERSTE AUTOFAHRT EINER FRAU UM DIE WELT 1927 BIS 1929

DEUTSCHE RENNFAHRERIN

21. Januar 1901
Geboren in Mülheim an der Ruhr

1925–1927
Rennfahrerin mit 17 Siegen

24. Mai 1927
Start zur Weltumrundung in Frankfurt am Main

24. Juni 1929
Ankunft in Berlin

7. September 1990
Gestorben in Schweden

MARLENE DIETRICH

Mit dem blauen Engel in die Traumfabrik: 1930 machte ein Film die Berliner Schauspielerin und Sängerin Marlene Dietrich schlagartig international berühmt. Er war ihre Eintrittskarte für Hollywood. Dort gelang der kühlen Blonden mit der verführerischen Stimme und den ultralangen Beinen eine beispiellose Karriere. Gepriesen als Diva, Femme fatale und Stilikone spielte sie in über 35 Filmen mit. Aufsehen erregte ihre Vorliebe für Männerkleidung. Die weit geschnittene »Marlene-Hose« setzte einen Modetrend – sie wurde zum Markenzeichen unabhängiger Frauen. Während des Zweiten Weltkriegs bezog Marlene klar Stellung gegen Hitler-Deutschland. Das brachte ihr viel Ablehnung in ihrem Heimatland ein. Die letzten 14 Jahre lebte sie zurückgezogen in Paris: Sie zeigte sich ab 1978 nie wieder in der Öffentlichkeit.

» Wenn ich mein Leben noch einmal leben könnte, würde ich die gleichen Fehler machen. Aber ein bisschen früher, damit ich mehr davon habe. «

SCHAUSPIEL STATT GEIGENSPIEL

Marlene Dietrich wurde 1901 in Schöneberg (bei Berlin) geboren. Sie erhielt eine gute Schulausbildung, lernte Englisch und Französisch und nahm Klavier- und Geigenunterricht. Sie wollte Konzertgeigerin werden, weshalb sie von 1918–1921 Musikhochschulen in Weimar und Berlin besuchte. Der Traum platzte wegen einer Sehnenscheidenentzündung und Marlene wechselte ins Schauspielfach. Anfangs tingelte sie mit einer Girlie-Gruppe durch deutsche Varietés. Ab 1922 war sie – meist als Statistin – im Theater zu sehen. 1923 trat sie erstmals in einem Film auf. Bis 1929 drehte sie

DEUTSCH-US-AMERIKANISCHE SCHAUSPIELERIN UND SÄNGERIN

27. Dezember 1901
Geboren als Marie Magdalene Dietrich in Schöneberg (bei Berlin)

1930
Durchbruch mit »Der blaue Engel«

1930–1978
Schauspielerin in über 35 US-Filmen

1950–1975
Weltweite Erfolge als Sängerin

1983
Dokumentarfilm »Marlene« erscheint

6. Mai 1992
Gestorben in Paris

15 weitere Stumm- und Tonfilme. Marlene hatte 1923 den Aufnahmeleiter Rudolf Sieber geheiratet und bekam ein Jahr später eine Tochter.

ICH BIN DIE FESCHE LOLA

1929 verfilmte der österreichisch-amerikanische Regisseur Josef von Sternberg mit dem »Blauen Engel« den Roman »Professor Unrat« von Heinrich Mann. Die weibliche Hauptrolle des »Vamps« Lolo Lola vergab Sternberg nach anfänglichem Zweifel an Marlene Dietrich. Der Film wurde in einer deutschen und einer englischen Fassung gedreht. Die berühmteste Szene zeigte Marlene in knappem Mieder, Strapsen und Pumps mit Zylinder auf dem Kopf als Varieté-Sängerin. Ihr Lied »Ich bin von Kopf bis Fuß auf Liebe eingestellt« wurde zum Welthit. Marlenes Gage betrug 20 000 Reichsmark, die ihres Filmpartners Emil Jannings das Zehnfache.

MARLENE GEHT NACH HOLLYWOOD

1930 unterschrieb Marlene Dietrich einen Siebenjahresvertrag bei der Filmgesellschaft »Paramount Pictures« in Hollywood. Sie wurde zur Hollywood-Diva aufgebaut: Sie musste abnehmen, die teuersten Kleider tragen und immer perfekt geschminkt sein. In ihrem ersten Film in den USA (»Marokko«) trat sie als Sängerin im Smoking auf und küsste eine Frau. Beides löste einen Skandal aus. Der Hosenanzug wurde Marlenes Markenzeichen. Sie revolutionierte damit Modewelt und Alltag: Frauen zogen statt nur Röcke und Kleider nun auch Hosen an. Marlene erhielt Angebote, in Nazi-Deutschland zu drehen – das lehnte sie ab. 1939 wurde sie Amerikanerin und sang während des Zweiten Weltkriegs für die US-Truppen in Nordafrika und Europa.

Marlene Dietrich machte Männer schwach – und Frauen stark! Sie faszinierte als verführerisches Vollweib und erregte Aufsehen in Männerhosen.

MUSIK UND STILLE

Marlene drehte mit vielen berühmten Regisseuren und Filmpartnern. Doch schon in den 1950er-Jahren sank ihr Stern als Schauspielerin. Sie erfand sich als Chanson-Sängerin neu: mit einer Art Sprechgesang und knallengen, hautfarbenen Bühnenkleidern. Bis 1975 tourte sie als gefeierter Showstar durch die Welt. Bei Auftritten in Deutschland wurde sie als »Landesverräterin« beschimpft. Sie war die erste deutsche Künstlerin, die nach dem Krieg in Russland auftrat. In Israel wurde sie davor gewarnt, ein deutsches Lied zu singen: Sie sang gerade deshalb neun deutsche Lieder und eroberte die Herzen ihres Publikums. Ihren letzten Filmauftritt hatte Marlene Dietrich 1978 in »Schöner Gigolo, armer Gigolo«. 1983 durfte der Schauspieler Maximilian Schell die zurückgezogen lebende Diva in ihrer Pariser Wohnung besuchen. In seinem Filmporträt war jedoch nur Marlenes Stimme zu hören. Sie starb im Mai 1992 in Paris und wurde in Berlin beigesetzt. 1999 wählte das »American Film Institute« Marlene Dietrich unter die 25 größten weiblichen Leindwandlegenden aller Zeiten.

HANNAH ARENDT

Die politische Philosophin Hannah Arendt war eine scharfe Beobachterin. Denken und Gedankenaustausch waren ihre Stärken.

Denken – darin war Hannah Arendt eine Meisterin. Sie betrieb aber keine Gehirnakrobatik, und sie nutze es auch nicht, um Wissen anzuhäufen. Die studierte Philosophin bekannte sich zum beherzten »Denken ohne Geländer« und ohne Vorurteile. Sie ergründete auf diese Weise viele – vor allem politisch-gesellschaftliche – Themen in ihrer Tiefe. Hannah war Jüdin und ging deshalb 1941 ins amerikanische Exil nach New York. Dort arbeitete sie als (Gast-)Professorin an verschiedenen Universitäten und schrieb ihre wichtigsten Werke. Als Journalistin berichtete sie aus Jerusalem über den Prozess gegen einen der größten Verbrecher und Massenmörder der Nazi-Zeit. Dieser Auftrag brachte sie dazu, eingehend über »das Böse« nachzudenken. Mit ihren Ansichten dazu eckte sie an.

LIEBLINGSFACH: PHILOSOPHIE

Hannah Arendts Vorfahren waren russische Juden, die sich in Königsberg niedergelassen hatten. Von dort siedelten Hannahs Eltern nach Linden (nahe Hannover) über, wo Hannah 1906 geboren wurde. Als Hannahs Vater schwer krank wurde, zog die Familie nach Königsberg zurück. Ab 1924 studierte Hannah in Marburg bei dem Philosophen Martin Heidegger. 1926 wechselte sie nach Freiburg, später nach Heidelberg. Dort machte die 22-Jährige 1928 bei dem Philosophen Karl Jaspers ihren Doktor. Ihre Doktorarbeit erschien 1929 als Buch. Hannah heiratete den Dichter, Philosophen und Schriftsteller Günter Stern. Die beiden zogen nach Berlin, wo Hannah an ihrer Habilitation schrieb.

AUF DER FLUCHT

1933 kamen die Nazis unter Adolf Hitler in Deutschland an die Macht. Hannah floh nach Paris, wo sie für eine jüdische Hilfsorganisation arbeitete. Sie trennte sich von ihrem ersten Mann und heiratete 1940 Heinrich Blücher. Er war Journalist, Mitglied der Kommunistischen Partei und ebenfalls aus Deutschland geflohen. Im Mai 1940 kam Hannah als »feindliche Ausländerin« in das südfranzösische Internierungslager Gurs, doch sie konnte entkommen und 1941 über Lissabon nach New York auswandern. Dort lebte sie mit Mann und Mutter zunächst in Hotels und verdiente als Journalistin und Verlagslektorin ihren Lebensunterhalt.

WICHTIGE BÜCHER

1937 war Hannah Arendt die deutsche Staatsbürgerschaft aberkannt worden. Sie wurde erst 1951 Amerikanerin – bis dahin war sie staatenlos. Im selben Jahr erschien das Buch, in dem sich Hannah mit dem Thema Macht und den Folgen beschäftigte. Sie untersuchte dazu Herrschaftsformen wie den deutschen Nationalsozialismus und den russischen Stalinismus. Ab 1953 unterrichtete Hannah als Professorin am Brooklyn College in New York, 1958 erschien ihr Hauptwerk »Vita activa oder Vom tätigen Leben«. Es handelt von den drei Formen des Tätigseins des Menschen: Arbeiten, Herstellen und Handeln – aber auch vom Nichtstun, das dem modernen Menschen so schwerfällt.

DER EICHMANN-PROZESS

Von April bis Juni 1961 beobachtete Hannah Arendt in Jerusalem den Prozess gegen Adolf Eichmann. Dieser SS-Mann hatte während der Nazi-Zeit Millionen Juden in den Tod geschickt. In der Presse wurde er als Ausgeburt des Bösen beschrieben. Hannah sah ihn als »Hanswurst« und sprach von der »Banalität des Bösen«: Sie umschrieb damit, wie jemand blindlings und eifrig eine ihm aufgetragene Aufgabe erfüllt – ohne zu hinterfragen, um was es eigentlich geht. Eichmann fertigte Menschen wie Dinge ab und löste ihre Ermordung wie eine Rechenaufgabe. Nicht nur die jüdische Welt, auch Freunde waren nicht mit Hannahs Wortwahl »Banalität«, also Alltäglichkeit, in Verbindung mit Massenvernichtung einverstanden.

IMMER WEITERDENKEN

In ihren »Denktagebüchern«, die sie von 1950 bis 1960 sowie von 1963 bis 1970 führte, setzte sich Hannah Arendt mit vielen anderen Philosophen und ihren Ideen auseinander. Bis ins hohe Alter klar zu bleiben und arbeiten zu können, war ihr größter Wunsch. Sie starb 1975 im Beisein von Freunden an einem Herzinfarkt in ihrem Arbeitszimmer in Manhattan.

> »MENSCHEN, DIE NICHT DENKEN, SIND WIE SCHLAFWANDLER.«
>
> AUS: »VOM LEBEN DES GEISTES«

DEUTSCH-US-AMERIKANISCHE POLITISCHE PHILOSOPHIN

14. Oktober 1906
Geboren als Johanna Arendt in Linden bei Hannover

Ab 1924
Philosophiestudium in Marburg, Freiburg und Heidelberg

1928
Promotion

1941
Emigration in die USA

1951
»Elemente und Ursprünge totaler Herrschaft« erscheint in den USA

1958
Herausgabe des Hauptwerks »Vita activa oder Vom tätigen Leben«

4. Dezember 1975
Gestorben in New York

ELLY BEINHORN

Hochfliegende Träume hatte Elly Beinhorn. Mit 16 Jahren besuchte sie einen Vortrag, der ihr klarmachte: Sie wollte Pilotin werden! Gegen alle Widerstände erwarb sie 1929 mit 22 Jahren den Sportflugschein. Bald bestritt sie als Kunst- und Kurierfliegerin ihren Lebensunterhalt, kaufte sich ihr eigenes Flugzeug und startete als Langstreckenfliegerin durch. Damit eroberte sie eine Männerdomäne: 1930 gab es in Deutschland nur 21 Pilotinnen. Berühmt wurde die Flugpionierin für ihren Alleinflug nach Afrika, ihre Weltumrundung im Alleinflug und Rekordflüge über mehrere Kontinente innerhalb von 24 Stunden. Elly Beinhorn gab ihren Flugschein erst mit 72 Jahren zurück. 2007 schenkte ihr die Vereinigung Deutscher Pilotinnen (VDP), die sie 1968 mitgegründet hatte, zu ihrem 100. Geburtstag einen 30-minütigen Rundflug übers Voralpenland.

» ICH WÄRE MANCHMAL GERNE MIT JEMANDEM GEMEINSAM GEFLOGEN. ABER ES GAB NOCH WENIGE FRAUEN MIT EINEM FLUGSCHEIN – UND WAS SOLLTE ICH MIT EINEM MANN? «

DEUTSCHE FLUGPIONIERIN

30. Mai 1907
Geboren in Hannover

1929
Pilotenschein

1931
Alleinflug nach Afrika

1931/1932
Weltumrundung im Alleinflug

1935
Rekordflug über zwei Kontinente (Europa/Asien)

1936
Rekordflug über drei Kontinente (Europa/Afrika/Asien)

1959
Goldmedaille im europäischen Sternflug

1991
Bundesverdienstkreuz Erster Klasse

28. November 2007
Gestorben in Ottobrunn

LOOPING NACH VORN

Elly Beinhorns Leidenschaft für die Fliegerei schien ein Rätsel: Sie wuchs ganz behütet in Hannover als Einzelkind auf. Gerade darum, so erklärte sie einmal selbst, wollte sie ausbrechen und Abenteuer erleben – egal wie! Hermann Köhl, der als Erster den Atlantik in Ostwestrichtung überflogen hatte, wies ihr den Weg: Das Fliegen war die Herausforderung, nach der sie gesucht hatte. Eine Bewerbung an einer Flugschule in Hannover blieb erfolglos – die zuständigen Herren hatten Bedenken! Also zog Elly nach Berlin und machte 1929 ihren Pilotenschein bei der Deutschen Luftfahrt GmbH. Geld verdiente sie mit Flugshows: Ihre Spezialität war der Looping nach vorn.

Elly Beinhorn war eine tollkühne Frau in ihrer fliegenden Kiste: Mehrere Bruchlandungen hinderten sie nicht daran, immer weiterzufliegen.

BERÜHMT DANK NOTLANDUNGEN

Erste Schlagzeilen machte Elly Beinhorn Anfang 1930: Sie sollte per Kurierflug den Frack eines Firmenchefs von Berlin nach Rom bringen. Dabei musste sie in den Alpen notlanden. Ein Jahr später konnte Elly ihren Traum vom Langstreckenfliegen verwirklichen: Sie startete am 4. Januar in einer Klemm L25, einem Sportflugzeug, Richtung Afrika, wo sie Luftaufnahmen anfertigen sollte. Der Flug gestaltete sich holprig: Bei einer Zwischenlandung im Schwarzwald mussten die Zündkerzen ausgetauscht werden. Nach 7000 km erreichte Elly am 1. Februar ihr Ziel, das heutige Guinea-Bissau. Sie erledigte ihren Fotoauftrag und flog am 15. März 1931 zurück Richtung Deutschland. Auf dem Rückflug verschwanden Elly und ihre Maschine: Sie hatte wegen einer gebrochenen Ölleitung notlanden müssen. Eine Berliner Zeitung brachte das als Riesenstory: Die 23-Jährige wurde berühmt.

JETZT ERST RECHT!

Am 4. Dezember 1931 begab sich Elly auf ihr nächstes großes Abenteuer: eine Weltumrundung im Alleinflug. Diese Reise führte sie zunächst über Südasien bis Port Darwin in Australien. Für die Überquerung des riesigen Pazifiks war ihr Klemm-L26-Flugzeug nicht stabil genug: Es wurde zerlegt und per Schiff nach Panama transportiert. Elly flog von dort aus Richtung Süden und dann über die Anden an die südamerikanische Ostküste. Die vorletzte Etappe trat Elly am 23. Juli 1932 von Buenos Aires aus an: wieder per Schiff, diesmal nach Bremerhaven. Von dort aus erreichte Elly am 26. Juli 1932, nach etwa 31 000 km, in ihrem Flugzeug Berlin. Ein Jahr später legte sie bei ihrem zweiten Afrikaflug 28 000 km zurück. 1935 überquerte sie innerhalb von 24 Stunden zwei Kontinente, 1936 sogar drei.

EINMAL PILOTIN, IMMER PILOTIN

1936 heiratete Elly den Rennfahrer Bernd Rosemeyer, die beiden bekamen einen Sohn. 1938 starb Ellys Mann beim Autorennen. Während des Zweiten Weltkriegs flog Elly Beinhorn nicht, im Gegensatz zu den Kampfpilotinnen Beate Uhse und Hanna Reitsch. 1941 heiratete sie erneut und bekam eine Tochter. Ab 1951 flog Elly als Journalistin über Europa, von Finnland bis Nordafrika, und schrieb Bücher über ihre Flugerfahrungen. Nachdem das Flugverbot für Deutschland aufgehoben wurde, nahm sie erfolgreich an vielen Wettbewerben teil. Sie starb 2007 mit 100 Jahren in Ottobrunn nahe München.

ASTRID LINDGREN

»FREIHEIT BEDEUTET, DASS MAN NICHT UNBEDINGT ALLES SO MACHEN MUSS WIE ANDERE MENSCHEN.«

Astrid Lindgren mit der Pippi-Darstellerin Inger Nilsson bei Dreharbeiten auf der schwedischen Insel Gotland 1968

»Mami, erzähl mir was von Pippi Langstrumpf!« Astrid Lindgren saß 1941 am Bett ihrer Tochter Karin. Diese lag mit Fieber in ihrem Zimmer und hatte sich wie so oft einen lustigen Namen ausgedacht. Astrid spielte mit: Sie erfand ein wildes, freies und unglaublich starkes Mädchen mit karottenroten Zöpfen. Es lebte mit Pferd und Affe in der Villa Kunterbunt. Pippis Abenteuer wurden erst Jahre später zu Büchern und machten Astrid Lindgren zu einer der bekanntesten Kinderbuchautorinnen der Welt. Pippi wurde zum Vorbild für viele Mädchen, die nicht länger nur brav, sondern auch »frech und wild und wunderbar« sein wollten! Astrid Lindgren schrieb insgesamt 70 Kinderbücher, angespornt von einer Hoffnung: »Wenn ich auch nur eine einzige düstere Kindheit erhellen konnte, bin ich zufrieden.«

KINDHEIT AUF DEM LAND

Astrid Lindgren kam im November 1907 als Tochter eines Bauern auf dem Pfarrhof Näs, in der Nähe von Vimmerby in der südschwedischen Provinz Småland zur Welt. Astrid erlebte mit ihrem älteren Bruder und den beiden jüngeren Schwestern eine unbeschwerte Kindheit, die sie in »Wir Kinder aus Bullerbü« festhielt. Einen der hohen Bäume, auf die sie kletterten, verewigte Astrid als Limonadenbaum in »Pippi Langstrumpf«: In seinem hohlen Stamm wächst Limonade, donnerstags auch Schokolade! 1914 wurde Astrid eingeschult und fiel durch ihre guten Aufsätze auf. Ihre Eltern konnten sich eine weiterführende Schulausbildung für ihre Tochter eigentlich nicht leisten, wurden jedoch von Freunden dazu überredet. 1923 machte Astrid ihr Realexamen.

FRÜH MUTTER

1924 bot ihr der Chefredakteur der Ortszeitung in Vimmerby eine Ausbildung zur Journalistin an. Astrid lernte, Artikel zu schreiben und die Texte der Kollegen zu überarbeiten. Nur ein Jahr später war die 18-jährige Astrid schwanger. Sie zog nach Stockholm und bekam ihren Sohn Lars heimlich in der dänischen Hauptstadt Kopenhagen, denn dort wurden Geburten nicht gemeldet. Astrid gab ihr Kind vorerst in eine Pflegefamilie. Sie selbst ging zurück nach Stockholm, wo sie zunächst in der schwedischen Buchhandelszentrale arbeitete und ab 1928 dann als Sekretärin beim schwedischen Automobilclub. 1930 heiratete sie ihren Kollegen Sture Lindgren, 1934 wurde Tochter Karin geboren.

VIELE JOBS UND EINE BERUFUNG

1937 arbeitete Astrid Lindgren als Stenografin für einen Professor der Kriminalistik – eine Erfahrung, die sie womöglich zu ihrem Meisterdetektiv »Kalle Blomquist« inspirierte. Ab 1940 war sie für den schwedischen Geheimdienst tätig: Sie las und zensierte Briefe aus aller Welt. So bekam sie Einblick in das weltweite Geschehen im Zweiten Weltkrieg. 1944 verstauchte sich Astrid Lindgren den Fuß. Sie lag auf dem Sofa und langweilte sich. Also schrieb sie die Geschichten über Pippi Langstrumpf auf, die sie ihrer Tochter Karin erzählt hatte. Sie schickte das Manuskript an einen schwedischen Verlag, der den Titel aber ablehnte: Pippi war wohl einfach zu aufmüpfig und frech. Im selben Jahr gewann Astrid mit einer neuen Geschichte den zweiten Platz bei einem anderen Verlag: Er veröffentlichte 1945 den ersten »Pippi Langstrumpf«-Band.

SCHRIFTSTELLERIN UND LEKTORIN

Der Verlag, der Astrids Bücher herausgab, hatte sie auch als Lektorin eingestellt. Der Tagesablauf der jungen Schriftstellerin war sehr geregelt: Am Morgen schrieb sie ihre eigenen Geschichten – meist noch im Bett, im Sommer auf dem Balkon ihres Ferienhauses. Alle Texte wurden von ihr zunächst stenografiert, also in Kurzschrift verfasst, und beim Abtippen von ihr überarbeitet. Gegen Mittag ging Astrid in den Verlag, las die Texte anderer Autoren und sorgte für deren Veröffentlichung. Astrid baute mit der Sparte »Kinderbuch« eine ganz neue Abteilung auf. In den folgenden Jahren erschienen unter anderem »Kalle Blomquist« (1946), »Wir Kinder aus Bullerbü« (1947), »Mio, mein Mio« (1954), »Karlsson vom Dach« (1955), »Michel aus Lönneberga« (1963) sowie »Ronja Räubertochter« (1981).

EINFÜHLSAM UND KÄMPFERISCH

Astrid Lindgren nahm sich in einigen ihrer Bücher auch schwieriger Themen an. In »Die Brüder Löwenherz« (1973) geht es um zwei Brüder, die ihre Angst vor dem Tod überwinden. In »Ronja Räubertochter« schilderte sie ein naturnahes Leben sowie Gewaltlosigkeit als Weg aus der Gewalt. In ihrer Rede »Niemals Gewalt!« anlässlich der Verleihung des Friedenspreises des Deutschen Buchhandels 1978 rief Astrid Lindgren zur gewaltfreien Erziehung von Kindern auf. Mit fast 80 Jahren schloss sie sich – nach der Reaktorkatastrophe in Tschernobyl – der schwedischen Anti-Atomkraft-Bewegung an. Der Tierschutz war ihr ebenfalls wichtig: Hartnäckig prangerte sie Missstände in der Massentierhaltung an. Zu ihrem 80. Geburtstag 1987 wurde ein neues Tierschutzgesetz namens »Lex Lindgren« erlassen. Es gesteht Kühen das Recht auf eine Wiese und Schweinen das Recht auf frisches Stroh zu. 1994 erhielt Astrid Lindgren den alternativen Nobelpreis, 1999 wurde sie zur »Schwedin des Jahrhunderts« gekürt. Bis zu ihrem Tod am 28. Januar 2002 blieb sie ihrem Lebensmotto treu: »Ich stehe immer auf der Seite der Kinder.«

ASTRID LINDGRENS WELT

Einmal durch die Krachmacherstraße laufen, auf dem Katthult-Hof Michel aus seinem Stubenarrest im Schuppen befreien oder zusehen, wie er seine Schwester Ida an der Fahnenstange hochzieht. Auf der Veranda der Villa Kunterbunt stehen, durchs Heckenrosental der Gebrüder Löwenherz laufen oder sich Ronjas Zuhause, die Mattisburg, ansehen: All das ist möglich in einem 120 000 m² großen Themenpark, der 1981 gegründet wurde. Er liegt in Vimmerby auf Småland, nahe dem Hof Näs, auf dem Astrid Lindgren geboren wurde. Auf sieben Bühnen werden im Sommer Ausschnitte aus Astrids Geschichten nachgespielt.

SCHWEDISCHE KINDERBUCHAUTORIN

14. November 1907
Geboren als Astrid Anna Emilia Ericcson bei Vimmerby, Småland

1945
»Pippi Langstrumpf« erscheint in Schweden

1946 und 1948
Zwei weitere Pippi-Langstrumpf-Bände erscheinen

1978
Friedenspreis des Deutschen Buchhandels

Bis 1980
Viele weitere Bücher: darunter »Kalle Blomquist«, »Wir Kinder aus Bullerbü«, »Karlsson vom Dach«, »Michel aus Lönneberga«, »Ferien auf Saltkrokan«, »Die Brüder Löwenherz«

1981
Astrids letztes Buch »Ronja Räubertochter« erscheint

1994
Ehrenpreis des »Right Livelihood Award« (»Alternativer Nobelpreis«)

1999
»Schwedin des Jahrhunderts«

28. Januar 2002
Gestorben in Stockholm

Astrid Lindgren erzählt in ihren Büchern Geschichten, in die sich Millionen Kinder überall auf der Welt hineinträumen und sich dort zu Hause fühlen.

Frauen in Kunst, Musik und Literatur

DIE FRIEDENSBEWEGTE

Unter einem männlichen Pseudonym schrieb die österreichische Schriftstellerin **Bertha von Suttner** (1843–1914) journalistische Beiträge. 1889 veröffentlichte sie unter ihrem richtigen Namen den Roman »Die Waffen nieder!«. Er machte sie zur bekanntesten Vertreterin der Friedensbewegung im 19. Jahrhundert. Die Pazifistin und Anhängerin der Frauenbewegung regte vermutlich Alfred Nobel zur Einrichtung des Friedensnobelpreises an. Sie selbst erhielt ihn 1905 als erste Frau.

»DAS WUNDER«

»Kunst machen und Kunst verkaufen ist Männersache!« Die Pariserin **Berthe Weill** (1865–1951) sah das anders: Sie wurde 1901 zur ersten Galeristin. Berthe stellte den noch unbekannten Maler Picasso aus und zeigte auch andere junge Künstler und vor allem Künstlerinnen. Die gaben ihr den Spitznamen »Merveille« (das Wunder). Die erste und einzige Einzelausstellung von Amedeo Modigliani bewarb sie 1917 mit einem Aktbild – das rief die Polizei auf den Plan!

DIE BLAUE REITERIN

Anfang des 20. Jahrhunderts durften Frauen keine Kunstakademien besuchen. Sie konnten nur in Damenateliers oder Privatakademien Malerinnen werden – das kostete sie fünfmal so viel wie Männer. **Gabriele Münter** (1877–1962) lernte am Münchner Künstlerinnen-Verein, einer der ersten Kunstschulen für Frauen. Zusammen mit dem Maler Wassily Kandinsky war sie Mitglied der Künstlergruppe »Der Blaue Reiter«, die den Weg in die Moderne bahnte. Gabriele rettete viele Bilder Kandinskys vor den Nazis und schenkte sie der Stadt München. Ihr Gesamtwerk wurde erstmals 55 Jahre nach ihrem Tod ausgestellt.

»ÜBERHAUPT NICHT SCHÖN« …

… fand die eigene Familie **Therese Giehse** (1898–1975) und hielt eine Bühnenkarriere für ausgeschlossen. Sie wurde trotzdem Schauspielerin. 1926 trat sie an den Münchner Kammerspielen auf und war 1933 Mitgründerin des literarischen Kabaretts »Die Pfeffermühle«. Aus Nazi-Deutschland ging sie ins Schweizer Exil. In Zürich spielte sie die Titelrolle in der Uraufführung von Bertolt Brechts »Mutter Courage« und später weitere große Frauenrollen. Mit Brecht arbeitete sie am Berliner Ensemble, wo sie auch Regie führte.

BEFREIEND KOMISCH

Linkes, feministisches, komisches Theater – dafür war die italienische Theatermacherin **Franca Rame** (1929–2013) bekannt. Sie leitete mit ihrem Mann Dario Fo die Companie Fo/Rame. Gemeinsam standen sie auf der Bühne und schrieben viele Stücke zusammen. Dario erhielt dafür 1997 die höchste Auszeichnung, sprach aber immer von »unserem Nobelpreis«. Mit ihren Solo-Auftritten im Stück »Offene Zweierbeziehung« oder in »Nur Kinder, Küche, Kirche« befeuerte Franca die Frauenbewegung und mischte die Politik und die Mafia in Italien auf. Fürs Fernsehen bekam sie Auftrittsverbot. Sie gründete 2004 einen eigenen TV-Sender.

SIEBEN BÄNDE

Langeweile kann so kreativ sein: **J.K. Rowling** (*1965) kam die Idee zu Harry Potter 1990 im Zug. Von Anfang an wusste die alleinerziehende Mutter und Sozialhilfeempfängerin, dass die Geschichte um den Zauberlehrling sieben Bücher füllen wird. Der erste Band erschien 1998, nachdem mehrere Verlage ihn abgelehnt hatten. Die nächsten sechs Bände der Bestsellerreihe machten J.K. Rowling einige Jahre lang zur reichsten Frau der Welt.

DEUTSCHE »GODMOTHER OF PUNK«

Über vier Oktaven reicht der Stimmumfang des Ausnahmetalents **Nina Hagen** (*1955). Sie machte eine Ausbildung zur Opernsängerin und war in der DDR kurz Schlagersängerin. Die Rotzgöre mit der Berliner Schnauze wurde ab 1976 zur Punk-Diva: Sie reiste nach Westberlin aus, gründete eine Band und sang Songs über Drogen, Sex, lesbische Liebe und Abtreibung. Sie machte ihr eigenes Ding abseits des Mainstreams und eckte immer wieder an – auch mit ihren ungewöhnlichen und schrillen Outfits.

SIMONE DE BEAUVOIR

»Frauen sind schwach und wenig intelligent. Eben keine Männer!« Die Herren der Schöpfung sahen Frauen lange nur als hübsches Beiwerk an. »Frauen sind Frauen, und vor allem Menschen. Genauso wie Männer Menschen sind. Wollen Menschen gleichberechtigt miteinander leben, müssen Frauen und Männer gleichberechtigt sein«, konterte Simone de Beauvoir. Die französische Schriftstellerin und Philosophin bescherte 1949 mit ihrem Buch »Das andere Geschlecht« vielen Leserinnen so manches Aha-Erlebnis. Es sollte das Zusammenleben von Paaren verändern. Simone stellte »die natürliche Rolle« der Frau als Hausfrau und Mutter infrage. Natürlich wäre, meinte sie, wenn Frauen selbstbestimmt leben und sich frei entfalten könnten. Sie riet daher jeder Frau, einen Beruf zu ergreifen. Das garantiere ihr, unabhängig handeln und ihre Träume verwirklichen zu können – mit oder ohne Mann. Jedenfalls theoretisch.

DER PAKT

Simone de Beauvoir wurde 1908 in Paris geboren und besuchte ab 1913 das katholische Mädcheninstitut Cours Désir. Dort machte die Musterschülerin 1925 ihr

»Der Frau bleibt kein anderer Ausweg, als an ihrer Befreiung zu arbeiten.«

FRANZÖSISCHE SCHRIFTSTELLERIN UND PHILOSOPHIN

9. Januar 1908
Geboren in Paris

1929
Erste Begegnung mit Jean-Paul Sartre

1931–1943
Arbeit als Lehrerin

1943
Erster Roman »Sie kam und blieb«

1945
Zweiter Roman »Das Blut der anderen«

1949
»Das andere Geschlecht«

1971
Kampf für ein neues Abtreibungsgesetz

1980
Tod von Jean-Paul Sartre

14. April 1986
Gestorben in Paris

Abitur. Sie begann Philologie und Mathematik zu studieren und wechselte ins Fach Philosophie und an die Pariser Universität Sorbonne. 1929 lernte sie den später berühmten Philosophen Jean-Paul Sartre kennen. Er bereitete sich ebenfalls auf die »Agrégation«, die Lehrerlaubnis, vor. Die beiden bestanden die Prüfung und wurden ein Paar. Simone bekam eine Stelle als Lehrerin in Marseille, Jean-Paul arbeitete im 800 km entfernten Le Havre. Deshalb schlug er vor zu heiraten. Simone sagte Nein, sie lehnte die Ehe ab. Die beiden schlossen aber einen Pakt: Sie wollten dauerhaft zusammenbleiben – als gleichberechtigte Partner.

»MAN KOMMT NICHT ALS FRAU ZUR WELT …

… man wird dazu gemacht.« So lautet der berühmteste Satz aus Simones Buch »Das andere Geschlecht« (1949). Sie spricht darin über das Machtgefälle zwischen Mann und Frau in der Geschichte: Da der Mann das Sagen hatte, bestimmte er, was eine Frau ist oder zu sein hat. Für Simone bedeutet das eine Versklavung der Frau. Damit Frauen frei Seite an Seite mit Männern als Menschen leben können, muss sich ihrer Meinung nach die Gesellschaft sehr stark verändern. Die Unabhängigkeit der Frau in allen Lebensbereichen ist für Simone der Weg dazu. »Das andere Geschlecht« wurde zu einer Art Bibel der Frauenbewegung weltweit. Simone verstand sich selbst nicht als Frauenrechtlerin, doch sie setzte sich in den folgenden Jahren sehr für Frauen ein.

SELBSTBESTIMMTES LEBEN

Simone nahm sich viel Freiheit. Bis zu Sartres Tod 1980 hatte sie eine enge Bindung zu ihm. Die beiden arbeiteten und reisten auch viel miteinander. Daneben hatte Simone jedoch zahlreiche andere Liebesbeziehungen. Sie lebte in ihrer eigenen Wohnung und hatte sich gegen das Kinderkriegen entschieden. Obwohl sie nie schwanger war, kämpfte sie für ein neues Abtreibungsgesetz in Frankreich, das Frauen erlauben sollte, Schwangerschaften zu beenden. Dazu unterschrieb sie 1971 zusammen mit anderen prominenten Frauen die öffentliche Erklärung »J'ai avorté« (»Ich habe abgetrieben«). 1974 wurde Simone de Beauvoir Präsidentin der »Liga für Frauenrechte« in Frankreich. Sie starb 1986 in Paris.

Wie können Frauen und Männer als gleichberechtigte Partner miteinander leben? Simone de Beauvoir versuchte, das herauszufinden.

SOPHIE SCHOLL

In einer der schrecklichsten Zeiten der deutschen Geschichte stand Sophie Scholl mutig für ihre Überzeugungen ein.

»Halt, Sie sind verhaftet!« Das hörte Sophie Scholl im Februar 1943 in der Universität München. Sie und ihr Bruder Hans waren vom Hausmeister bei einer verbotenen Aktion erwischt worden: Sie hatten Flugblätter in der Uni verteilt. Darin riefen sie als Mitglieder der Widerstandsgruppe »Weiße Rose« gegen die Nazi-Diktatur in Deutschland auf. Nachdem sie aufgeflogen waren, wurden Sophie, ihr Bruder und ein weiterer Widerstandskämpfer von der Geheimen Staatspolizei (Gestapo) im Gefängnis verhört. Die Gestapo-Beamten boten Sophie an, sie zu verschonen, wenn sie sich als reine Mitläuferin der »Weißen Rose« ausgeben würde. Sophie lehnte ab: Daraufhin wurde auch sie zum Tode verurteilt und hingerichtet. Mit ihrem Mut, ihrem Gewissen zu folgen, schrieb Sophie Geschichte: Sie gilt bis heute als Inbegriff und leuchtendes Beispiel für Zivilcourage.

ENDE DER BEGEISTERUNG

Sophie Scholl wurde, wie ihre drei Geschwister, christlich und zu selbstständigem Denken erzogen. 1921 geboren, wuchs sie in die Zeit der Nazi-Diktatur hinein. 1934 trat sie in Ulm dem Jungmädelbund bei: In diesem Zweig der Hitlerjugend wurden Mädchen die menschenverachtenden Ansichten und Ziele des NS-Regimes eingetrichtert. Das Miteinander und das Gruppen- und Gemeinschaftsgefühl gefiel vielen Jugendlichen – auch Sophie war zuerst davon begeistert. Das änderte sich ab 1937: Sie las grundlegende christliche Schriften und bildete sich ihre eigene Meinung. Im Mai 1940 begann Sophie eine Ausbildung zur Kindergärtnerin, denn sie hoffte, so dem Reichsarbeitsdienst zu entgehen. Um studieren zu dürfen, musste sie ihn zwangsweise doch ableisten.

STUDIUM UND WIDERSTAND

Im Mai 1942 schrieb sich Sophie Scholl an der Ludwig-Maximilians-Universität in München für Biologie und Philosophie ein. Ihr Bruder Hans war dort bereits Medizinstudent. Er hatte sich mit seinen Studienkollegen Alexander Schmorell, Christoph Probst und Willi Graf zu einer Gruppe zusammengeschlossen, die – wie Sophie mittlerweile auch – die Nazi-Herrschaft ablehnte. Obwohl Hans dagegen war, wurde Sophie ebenfalls Mitglied. Ab Juni 1942

nannte sich die Vereinigung »Weiße Rose«. Sophie half, Flugblätter anzufertigen und zu verteilen. Die Flugblätter riefen dazu auf, sich gegen Hitlers Diktatur aufzulehnen. Die »Weiße Rose« legte sie öffentlich aus, etwa in Telefonzellen und in parkenden Autos. Sie schickten sie auch an Studierende in Köln, Stuttgart, Berlin und Wien.

FAHNDUNG UND VERHAFTUNG

Bis Dezember 1942 hatte die »Weiße Rose« vier verschiedene Flugblätter verfasst. An ihrem fünften Aufruf wirkte Anfang Januar 1943 der Münchner Philosophieprofessor Kurt Huber mit. Als die Blätter nachts in München verteilt wurden, kam die Gestapo den Widerstandskämpfern auf die Spur: Sie war sich nun ziemlich sicher, dass die Urheber Münchner Studenten waren. Mitte Februar erstellte die »Weiße Rose« das sechste und letzte Flugblatt: Sophie und Hans Scholl wurden beim Verteilen der etwa 1500 Ausdrucke am Morgen des 18. Februar 1943 geschnappt. Mehrere Tage verhörte die Gestapo Sophie. Um ihre Freunde zu schützen, gab Sophie sich und ihren Bruder als Alleintäter aus. Doch die Gestapo fand Hinweise, die zur schnellen Verhaftung von Willi Graf und Christoph Probst führten, später auch von Alexander Schmorell, Kurt Huber und weiteren Mithelfern.

DIE LETZTEN STUNDEN

Am 22. Februar 1943 wurde Sophie Scholl in München vom Volksgerichtshof zum Tode verurteilt und kam sofort ins Gefängnis München-Stadelheim. Dort durften ihre Eltern sie kurz vor der Hinrichtung noch einmal sehen. Sophie betrat vor ihrem Bruder Hans den Raum, in dem ein Scharfrichter die 21-Jährige um 17 Uhr mit einem Fallbeil enthauptete. Jahrzehnte später entdeckte Inge Aicher-Scholl eine letzte Nachricht ihrer Schwester. Sophie hatte mit Bleistift auf die Rückseite der Anklageschrift nur ein Wort geschrieben: »Freiheit!«

> »DAS GESETZ ÄNDERT SICH. DAS GEWISSEN NICHT.«

DEUTSCHE WIDERSTANDSKÄMPFERIN GEGEN DIE NAZI-HERRSCHAFT

9. Mai 1921
Geboren als Sophia Magdalena Scholl in Forchtenberg/Kocher, Württemberg

1940
Abitur in Ulm und Ausbildung zur Kindergärtnerin

Mai 1942
Beginn des Biologie- und Philosophiestudiums an der Universität München

Juni 1942
Mitglied der Widerstandsgruppe »Weiße Rose«

Ende Januar 1943
Verteilung des fünften Flugblatts in München

18. Februar 1943
Festnahme durch die Gestapo

22. Februar 1943
Todesurteil und Hinrichtung in München

Anne Frank

»Oh ja, ich will nicht umsonst gelebt haben wie die meisten Menschen. Ich will den Menschen, die um mich herum leben und mich doch nicht kennen, Freude und Nutzen bringen. Ich will fortleben, auch nach meinem Tod.«

AUS: TAGEBUCH, 5. APRIL 1944

»Liebe Kitty«: Ihrem Tagebuch vertraute Anne Frank alles an, was sie – vor den Nazis in einem Hinterhaus in Amsterdam versteckt – erlebte.

Schreibst du Tagebuch? Vertraust du ihm deine Sorgen, Wünsche und Träume an? Beschreibst du, was du tagsüber so erlebt, gemacht und worüber du nachgedacht hast? Erzählst du vom letzten Streit mit deiner Mutter? All das tat Anne Frank auch und schuf damit ein bewegendes Zeitzeugnis. Denn das 13-jährige deutsch-jüdische Mädchen lebte versteckt in einem Hinterhaus in Amsterdam, auf sehr engem Raum und in ständiger Gefahr aufzufliegen: Anne musste mit ihrer Familie untertauchen, um den Nazis zu entgehen. Nach zwei Jahren wurden die Franks entdeckt und in ein Konzentrationslager gebracht. Annes Vater, der einzige Überlebende, veröffentlichte nach dem Krieg Annes Tagebücher. Die Stimme einer Jugendlichen, die unter unmenschlichen Bedingungen bis zum Schluss hoffnungsfroh und zuversichtlich blieb, rührt und inspiriert bis heute Menschen in aller Welt.

EXIL IN DEN NIEDERLANDEN

Bis zu ihrem fünften Lebensjahr wuchs Anne Frank mit ihrer älteren Schwester Margot in ihrer Geburtsstadt Frankfurt auf. 1933 nahm in Deutschland der Antisemistismus – also der Hass gegen Juden – zu, nachdem Hitler an die Macht gekommen war. Die Familie Frank entschloss sich, wie viele andere Juden, ins Ausland zu gehen. Otto Frank, Annes Vater, konnte für seine Firma in Amsterdam eine Filiale aufbauen und holte seine Familie 1934 in die Niederlande nach. Anne besuchte dort eine Montessori-Schule und schrieb bereits als Kind sehr viel – und nur für sich selbst. 1939 begann der Zweite Weltkrieg. Die Niederlande wurden ein Jahr später von der Deutschen Wehrmacht überfallen und besetzt. Familie Frank war wieder in Gefahr: Die Deutschen erließen auch in Holland antijüdische Gesetze und Verordnungen.

DEUTSCH-JÜDISCHE TAGEBUCH-SCHREIBERIN

12. Juni 1929
Geboren als Anneliese Marie Frank in Frankfurt

Februar 1934
Exil in den Niederlanden

Mai 1940
Besetzung der Niederlande durch die Nationalsozialisten

12. Juni 1942
Anne bekommt ein Tagebuch als Geburtstagsgeschenk

6. Juli 1942
Familie Frank beginnt, im Versteck zu leben

4. August 1944
Verhaftung durch die Gestapo

September 1944
Abtransport ins Konzentrationslager (KZ) Auschwitz

Anfang März 1945
Gestorben im KZ Bergen-Belsen

BEENGTE VERHÄLTNISSE

Den Franks gelang es nicht, nach England oder in die USA auszuwandern. Sie beschlossen deshalb, in Amsterdam unterzutauchen. Otto Frank hatte zusammen mit seinem ebenfalls jüdischen Mitarbeiter Hermann van Pels ein Versteck eingerichtet: im Hinterhaus seiner Firma in der Prinsengracht. Der Zugang dazu lag in einem Büroraum hinter einem Drehschrank. Am 6. Juli 1942 zog Anne mit ihrer Familie in diesen Unterschlupf ein. Eine Woche später folgte die dreiköpfige Familie van Pels, im November kam noch Fritz Pfeffer, ein Bekannter der Familien, dazu. Zwei Jahre verbrachten acht Menschen auf etwa 50 m². Sie konnten in dieser Zeit nie an die frische Luft und mussten sich sehr still verhalten, um nicht aufzufallen. Unterstützt wurden sie von vier Mitarbeitern Otto Franks: Miep Gies, Johannes Kleiman, Victor Kugler und Bep Voskuijl. Sie versorgten die Gruppe mit Lebensmitteln, Kleidung, Büchern und anderen wichtigen Dingen. Dafür hätten sie als »Judenhelfer« verhaftet und sogar getötet werden können.

BESTE FREUNDIN »KITTY«

An ihrem 13. Geburtstag, am 12. Juni 1942, bekam Anne ein rot-beige kariertes Tagebuch geschenkt. Ihre ersten Eintragungen handelten noch von ihrem normalen Alltag, der Schule und ihren Klassenkameraden. Sie nahm das Buch mit in das Versteck. Dort half es ihr, in dieser schweren Situation ihre Gefühle auszudrücken. Was sie schrieb, richtete sie an »Kitty«, eine erfundene beste Freundin. Ihr vertraute Anne sich offen an und erzählte ihr von ihrem nun komplett veränderten Leben. Kitty erfuhr von Annes Sorgen, Nöten

Liebe Kitty Deine Anne

und Hoffnungen in der neuen Umgebung. Anne berichtete von den Menschen, mit denen sie zusammenlebte, und auch den Streitigkeiten, die es im Versteck gab.

IDEE FÜR EINEN ROMAN

Daneben sammelte Anne in Notizheften auch »schöne Sätze« aus Büchern, die sie las und die ihr gefielen. Sie träumte davon, einmal Schriftstellerin zu werden, und begann, kleine selbst erfundene Geschichten aufzuschreiben. Im März 1944 hörte Anne im Radio, dass Tagebücher aus der Kriegszeit gesammelt und später veröffentlicht werden sollten. Daraufhin fing sie an, ihre Aufzeichnungen sorgfältig zu überarbeiten. Diese Texte schrieb sie auf lose Blätter. Sie wollte daraus einen Roman mit dem Titel »Das Hinterhaus« machen.

ENTDECKT

Annes letzter Tagebucheintrag stammt vom 1. August 1944. Drei Tage später flog das Versteck auf – ob durch Verrat oder einen unglücklichen Zufall, ist bis heute nicht geklärt. Die Gestapo durchsuchte die Räume, fand die Untergetauchten und verhörte sie. Sie kamen alle erst ins Gefängnis und dann in das Durchgangslager Westerbrok. Von dort aus wurden sie in das Konzentrationslager Auschwitz geschickt, wo sie als Gefangene leben und arbeiten mussten. Anne und ihre Schwester Margot wurden im Winter 1944 in das KZ Bergen-Belsen verlegt. Die Schwestern starben dort Anfang März 1945 an Thyphus.

NICHT MUNDTOT

Otto Frank war der einzige Überlebende der Hinterhaus-Bewohner und kehrte nach dem Krieg nach Amsterdam zurück. Dort erhielt er Annes Tagebücher, die Miep Gies gerettet hatte. Otto Frank las sie und erfuhr so vom Wunsch seiner Tochter, ihre Aufzeichnungen zu veröffentlichen. Otto erfüllte ihn ihr: Die erste Ausgabe ihrer Tagebücher erschien 1947. »Das Tagebuch der Anne Frank« wurde in 70 Sprachen übersetzt, als Theaterstück aufgeführt und mehrfach verfilmt. Es gilt als ein Stück Weltliteratur. An vielen Schulen gehört es zur Pflichtlektüre, wenn gezeigt werden soll, welche Auswirkungen eine menschenverachtende Politik auf das Leben jedes einzelnen Menschen haben kann.

Das Anne-Frank-Haus

Annes Vater und Amsterdamer Bürger bewahrten nach dem Krieg das geheime Versteck der Familie vor dem Abriss. 1957 wurde die Anne-Frank-Stiftung gegründet, die das Gebäude in der Prinsengracht 263 und zwei Nachbarhäuser kaufte. Dort wurde ab 1960 erst ein internationales Jugendzentrum eingerichtet, dann ein Museum: das Anne-Frank-Haus. Etwa 1 Mio. – meist junge – Menschen im Jahr besuchen heute die Räume, in denen Anne zwei Jahre im Verborgenen lebte. Annes Tagebücher und Aufzeichnungen sind in einem Extraraum ausgestellt. Außerdem gibt es viele Informationen zum Holocaust (also der systematischen Ermordung deutscher Juden durch die Nazis) sowie zu anderen politischen Themen rund um Rassismus und Ausgrenzung.

NIKI DE SAINT PHALLE

Die Kunst rettete Niki de Saint Phalle das Leben. Ihre Werke erzählen von seelischem Schmerz und unbändiger Lebenslust.

Frauenkörper – leuchtend bunt, tanzend, üppig und überlebensgroß! Mit ihren »Nanas«, riesigen, fantasievoll bemalten Skulpturen, wurde die französisch-amerikanische Künstlerin Niki de Saint Phalle berühmt. Ihre Werke sind Ausdruck reiner Freude, Lebendigkeit und der ursprünglichen weiblichen Kraft und Stärke. Zu alldem hatte Niki erst selbst mühsam zurückfinden müssen: Sie trug seit ihrer Kindheit eine schwere seelische Last mit sich herum. Das Malen half ihr, sich davon zu befreien. Mit brutal wirkenden »Happenings« drückte sie wortlos zerstörerische Gefühle aus und überwand sie dabei. Niki arbeitete viel mit ihrem zweiten Mann Jean Tinguely zusammen. Sie beschenkten die Welt mit ihren originellen, zum Teil auch begehbaren Kunstwerken, außergewöhnlichen Brunnen mit beweglichen Figuren sowie einem ganz besonderen Garten in Italien.

LEBENSRETTER KUNST

Niki de Saint Phalle wurde 1930 in einem Pariser Vorort geboren. 1933 zog die Familie für ein paar Jahre in die USA, wo Niki größtenteils aufwuchs. Nach ihrem Schulabschluss arbeitete sie als Model und war in den 1950er-Jahren auf den Titeln vieler wichtiger Modezeitschrif-

> »ICH BIN VERRÜCKT NACH GRÖSSE, ICH HABE EINEN GRÖSSENWAHN – ABER EINEN WEIBLICHEN, DAS IST ETWAS ANDERS.«

FRANZÖSISCH-AMERIKANISCHE MALERIN UND BILDHAUERIN

29. Oktober 1930
Geboren als Catherine Marie-Agnès Fal de Saint Phalle in Neuilly-sur-Seine

1961
Schießbilder, Paris

1966
Begehbare Figur »Hon«, Stockholm

1971
Heirat mit Jean Tinguely

1982/1983
Strawinsky-Brunnen am Centre Georges Pompidou, Paris

1996
Fertigstellung des »Giardino dei Tarocchi« in Capalbio, Italien

21. Mai 2002
Gestorben in San Diego, Kalifornien, USA

ten abgebildet. Mit 18 heiratete sie heimlich einen Jugendfreund, mit dem sie zwei Kinder bekam. 1953 erlitt sie einen seelischen Zusammenbruch und wurde wegen Selbstmordgefahr in eine Klinik in Nizza gebracht. Dort offenbarte sie, dass sie mit elf Jahren von ihrem Vater missbraucht worden war. Die Ärzte glaubten ihr nicht und gaben Niki stattdessen schmerzhafte Elektroschocks. Niki fing an zu malen und wurde – wie sie später sagte – »Künstlerin, um sich selbst zu retten«.

SCHIESSBILDER

Niki trennte sich von ihrem Mann und wurde Aktionskünstlerin in Paris. 1961 erregte sie Aufsehen mit sogenannten Schießbildern: Niki hatte Farbbehälter in Gipsreliefs eingelassen und die Oberfläche der Werke weiß angemalt. Zur Eröffnung ihrer Ausstellung schoss sie mit einem Gewehr auf ihre Bilder. Aus deren »Wunden« floss Farbe, ein Bild entstand. Diese Kunstaktion war Nikis Weg, mit der Gewalt umzugehen, die sie erlebt hatte. Sie verwandelte so ihre innere Wut und ihren Zorn in Kunst. Dazu sagte sie: »Anstatt Terroristin zu werden, wurde ich Kunstterroristin.« 1955 lernte Niki den Schweizer Metallkünstler Jean Tinguely kennen, der 1971 ihr zweiter Ehemann wurde. Er gehörte zur Künstlergruppe »Nouveaux Réalistes« (»Neue Realisten«), die Niki als einzige Frau aufnahm.

DIE NANAS

Mitte der 1960er-Jahre gestalte Niki die Nanas. Mit ihren breiten Hüften, großen Busen und dicken Hintern erinnern die fülligen Frauenskulpturen an die Fruchtbarkeitsgöttinnen der Jungsteinzeit. Allerdings haben die Nanas gigantische Ausmaße und sind sehr viel bunter. Anfangs fertigte Niki sie aus Draht und Stoff. Dann entdeckte sie das Material Polyester für sich, wie es auch im Bootsbau verwendet wird. 1965 wurden die Nanas erstmals in Paris ausgestellt und waren ein voller Erfolg. Ein Jahr später baute Niki mit Jean für ein Stockholmer Museum eine liegende, begehbare Nana: Ins Innere von »Hon«, das bedeutet »Sie«, kamen Besucher nur über die Vagina der Skulptur. In ihrer linken Brust befand sich ein Planetarium, in der rechten Brust eine Milchbar. Was für ein Skandal!

DER TAROTGARTEN

Zu Nikis und Jeans bekanntesten Arbeiten für Plätze und öffentliche Anlagen zählen das Kinderhaus »Golem« in Jerusalem (1972) mit Zungen als Rutschen und der Strawinsky-Brunnen in Paris (1982/1983). 1979–1997 legte Niki ihren Tarotgarten in der Toskana an: Die riesigen Skulpturen sind Motiven von Tarotkarten nachempfunden, besitzen ein Gerüst aus Stahlzement und sind mit Spiegeln, buntem Glas und Keramikstücken verziert. In ihren letzten Lebensjahren schuf Niki die »Skinnies« – durchbrochene Transparentplastiken – und lieferte die Vorlagen dafür, wie man die alte Grotte im Großen Garten in Hannover-Herrenhausen ausgestalten sollte. 2002 starb Niki an einem Lungenleiden in Kalifornien.

Jutta Limbach

Richterin in Rot: Jutta Limbach verkündet 1998 als Vorsitzende des Zweiten Senats am Bundesverfassungsgericht (BVG) in Karlsruhe ein Urteil.

Wer ist selten in Gerichtssälen zu finden? Frauen! Nicht nur als Angeklagte – auch Richterinnen, Strafverteidigerinnen oder Staatsanwältinnen waren dort lange Zeit rar gesät. Pionierinnen wie Jutta Limbach änderten das. Sie ging zielstrebig ihren Weg von der Jurastudentin zur Juraprofessorin, Justizsenatorin in Berlin und Verfassungsgerichtspräsidentin in Karlsruhe. Sie schaffte es – oft als erste Frau – in Spitzenpositionen. Dabei räumte sie mit so manch einem männlichen Vorurteil über Frauen in der Rechtsprechung auf: »Frauen sind viel zu gefühlsbetont. Sachliche Urteile zu fällen, liegt ihnen nicht. Energisch zu verhandeln und hart durchzugreifen schon mal gar nicht.« Alles Mumpitz! Was Frauen in der Justiz vielleicht wirklich von Männern unterscheidet: Urteile nachvollziehbar zu erklären, und zwar in einer verständlichen Sprache.

JURISTIN DURCH UND DURCH

Jutta Limbach stammte aus Berlin, wo sie eine Mädchenschule besuchte. Nach dem Abitur wollte sie Journalistin werden. Um über Politik zu schreiben, hielt sie es für sinnvoll, sich im Staatsrecht auszukennen. Sie fing an, Jura zu studieren – und blieb dabei. 1958 legte sie ihr erstes Staatsexamen ab, 1962 folgte das zweite Staatsexamen. 1966 trat sie der SPD bei – eine Art Familientradition: Ihre Großmutter Elfriede Ryneck war eine SPD-Politikerin in den 1920er-Jahren, ihr Vater Erich Ryneck als SPD-Mitglied in den 1940ern Bezirksbürgermeister von Berlin-Pankow. 1966 machte Jutta ihren Doktor, 1971 habilitierte sie. Ab 1972 arbeitete sie als Professorin für Zivilrecht an der Freien Universität Berlin.

MAUERFALL-ENTSCHEIDUNGEN

Anfang 1989 wurde Jutta Limbach Justizsenatorin in Westberlin – Deutschland war zu der Zeit noch in zwei Länder geteilt. Sie war die erste Frau auf diesem Posten. Als am 9. November 1989 die Berliner Mauer fiel, reagierte sie umgehend und auf sehr praktische Weise: Sie sorgte dafür, dass am nächsten Tag alle Gerichte der Stadt geöffnet waren, um DDR-Bürgern das »Begrüßungsgeld« auszuzahlen. Im Laufe der Wiedervereinigung von Ost- und Westdeutschland ließ Jutta alle Ostberliner Richter aus ihren Ämtern entfernen. Später durften nur die weiterarbeiten, die politisch »sauber«

waren. In Juttas Berliner Amtszeit fielen auch die »Mauerschützenprozesse«: Als ostdeutsche Wächter an der Grenze auf flüchtende Menschen schossen, war das Schießen nach dem Recht der DDR erlaubt – das Töten jedoch nicht. Die Schützen wurden zu Haftstrafen verurteilt.

ERSTE FRAU IN KARLSRUHE

Am 4. März 1994 wurde Jutta Limbach zur Richterin im Bundesverfassungsgericht in Karlsruhe gewählt. Dieses Gericht überprüft, ob das Grundgesetz für die Bundesrepublik Deutschland eingehalten wird. Zu Juttas ersten Mitentscheidungen gehörte, dass Einsätze der Bundeswehr im Ausland mit dem Grundgesetz vereinbar sind. Im November 1994 wurde Jutta Limbach Präsidentin des Bundesverfassungsgerichts. Sie war und ist bis heute die erste Frau auf diesem Posten, einem der höchsten Staatsämter des Landes. Kurze Zeit später wurde das Gericht stark kritisiert: Es erklärte, dass es sich um freie Meinungsäußerung handelt, wenn man Kurt Tucholskys Spruch »Soldaten sind Mörder« zitiert. Es entschied außerdem, dass Kruzifixe in bayrischen Klassenzimmern auf Verlangen von Schülern oder Eltern entfernt werden müssen. Für mehr Bürgernähe und um der Öffentlichkeit zu zeigen, wie Urteile zustande kommen, ließ Jutta Limbach eine Pressestelle einrichten und ab 2002 Tage der offenen Tür.

ZWEI EHRENÄMTER

An ihrem 68. Geburtstag musste Jutta Limbach ihre Ämter am Bundesverfassungsgericht niederlegen – für ihren Posten gab es eine Altersgrenze. Kurz vorher wurde sie zur Präsidentin des Goethe-Instituts gewählt. Sie war die erste Frau an der Spitze dieses Vereins, der Deutsch im Ausland vermittelt und sich für Kulturaustausch einsetzt. Von 2003 bis zu ihrem Tod 2016 leitete Jutta Limbach als Vorsitzende die »Limbach-Kommission«: Sie kümmert sich darum, dass von Nazis gestohlene Kunst an ihre ursprünglichen Besitzer zurückgegeben wird.

> »RICHTERINNEN UND RICHTER SIND KEINE FREI SCHWEBENDEN INTELLIGENZEN. SIE UNTERSCHEIDEN SICH DURCH IHRE HERKUNFT, IHRE BERUFLICHE ERFAHRUNG, IHRE POLITISCHE WELTSICHT UND NICHT ZULETZT DURCH IHR GESCHLECHT.«

DEUTSCHE JURISTIN UND JURAPROFESSORIN

27. März 1934
Geboren als Jutta Ryneck in Berlin

1958 und 1962
Erstes und zweites juristisches Staatsexamen

1972
Beginn der Juraprofessur an der Freien Universität Berlin

1989–1994
Justizsenatorin in Berlin

1994–2002
Verfassungsgerichtspräsidentin

2002–2008
Präsidentin des Goethe-Instituts

2003
Vorsitzende der »Limbach-Kommission«

10. September 2016
Gestorben in Berlin

Frauen in Politik und Wirtschaft

GESCHICKTE MANAGERIN

Gepriesen als »Königin von Wien«: Die Hotelchefin **Anna Sacher** (1859–1930) war eine der ersten Unternehmerinnen des 19. Jahrhunderts in Österreich. Mit viel Fleiß, guten Ideen und unermüdlichem persönlichem Einsatz leitete sie vier Jahrzehnte lang erfolgreich eins der besten Hotels in Europa: »Mit Frau Anna kam der richtige Mann an die Spitze«, hieß es später in einem Nachruf. Unter Anna erlangte das »Sacher« mit seinen 130 Mitarbeitern Weltruhm: Das Haus mit seiner exzellenten Küche wurde zum Treffpunkt berühmter Künstler, reicher Erben und wichtiger Politiker – sogar Kaiserin Sisi kam vorbei!

MUTTER DER GLEICHSTELLUNG

»Männer und Frauen sind gleichberechtigt.« Eigentlich ein selbstverständlicher Satz! Dass er 1949 ins deutsche Grundgesetz aufgenommen wurde, hatte die SPD-Abgeordnete und Juristin **Elisabeth Selbert** (1896–1986) zusammen mit Frauenverbänden und Gewerkschaften durchgesetzt. Die männlichen Politiker wollten Frauen nur »staatsbürgerlich« gleichstellen und damit ein altes frauenfeindliches Gesetz von 1896 beibehalten. Mit dem Recht auf Gleichberechtigung mussten neue Gesetze geschaffen werden – die den Alltag von Frauen dann wirklich grundlegend veränderten.

DIE »EISERNE LADY«

Sie gehörte zu den umstrittensten Politikerinnen Europas: **Margaret Thatcher** (1925–2013). Als Jugendliche war sie als arrogante, ehrgeizige Außenseiterin verschrien. Doch Margaret wollte unbedingt etwas aus sich machen. Sie arbeitete hart, studierte Chemie und Jura und ging 1959 in die britische Politik. Sie wurde Erziehungsministerin, Vorsitzende der Konservativen Partei und war 1979–1990 die erste Frau im Amt des britischen Premierministers. »Eiserne Lady« war ihr Spitzname nach Englands Sieg im Falklandkrieg. Margaret krempelte die Wirtschaft ihres Landes um, privatisierte Staatsunternehmen und verkleinerte die Macht der Gewerkschaften. Das trug ihr sowohl Anerkennung als auch Hass ein.

GESETZ VEIL

Mit 16 Jahren wurde die Französin **Simone Veil** (1927–2017) von Nazis gefangen genommen und kam ins KZ Auschwitz. Sie überlebte den Holocaust und machte nach dem Krieg eine steile politische Karriere. Sie studierte Jura und wurde 1974 französische Gesundheitsministerin. In diesem Amt half sie Frauen: Die katholische Kirche und viele Politiker waren dagegen – trotzdem setzte sie 1975 »La Loi Veil« (Veil-Gesetz) durch. Es erlaubte Frauen, straffrei eine Schwangerschaft abzubrechen. Simone rettete damit viele Menschenleben: Damals starben noch jährlich Hunderte Frauen in Frankreich bei heimlichen Abtreibungen.

MODE-MACHERIN

Harte Urteile in Sachen Mode sind ihr tägliches Brot: Die Engländerin **Anna Wintour** (*1949) entscheidet seit 1988 als Chefredakteurin der US-Zeitschrift »Vogue« nicht nur über angesagte Looks, sondern auch über Karrieren, etwa von Designern, Fotografen, Moderedakteuren und sogar Models. Der Film »Der Teufel trägt Prada« setzt der Herrscherin der »Vogue« und ihrem harten Führungsstil ein nicht nur schmeichelhaftes Denkmal. Anna trägt seit 2013 auch die Verantwortung für viele weitere Zeitschriften.

FRAUEN IM KRIEG

Die Erzählungen ihrer Großmutter brachten die Italienerin **Monika Hauser** (*1959) zu ihrem Arbeitsgebiet: Gewalt, die Frauen und Mädchen in Kriegen erfahren müssen. Monika wurde Frauenärztin und setzte sich in ihrem Beruf für eine einfühlsame Frauenheilkunde ein: weder sollte über den Kopf der Patientin hinweg entschieden noch unachtsam mit ihrem Körper umgegangen werden. Als Monika 1992 von Massenvergewaltigungen im Bosnienkrieg las, gründete sie die Frauenrechtsorganisation »medica mondiale«. Sie hilft Frauen, die in Krisenregionen diese schreckliche Art von Gewalt erfahren haben. 2008 bekam Monika Hauser dafür den Alternativen Nobelpreis.

Jane Goodall

»DU KANNST ETWAS VERÄNDERN – JEDEN TAG UND ZU JEDER ZEIT!«

Nie ohne Mr. H! Wo auch immer auf der Welt die Affenforscherin Jane Goodall Vorträge zu Naturschutzfragen hält, ist der Stoffaffe dabei.

»Du Tarzan, ich Jane« – mit zehn Jahren verliebte sich Jane Goodall unsterblich in einen Jungen, der in Afrika unter Affen aufwuchs. Leider war er nur eine Romanfigur! Doch Janes Faszination für den weit entfernten Kontinent war geweckt. Mit 23 Jahren lernte sie Afrika schließlich kennen. Sie traf dort auf einen berühmten Wissenschaftler, der sie ermutigte, frei lebende Schimpansen zu erforschen. Jane besaß keine Ausbildung für diese Aufgabe, also entwickelte sie ihre ganz eigene, ungewöhnliche Herangehensweise. Ihre Beobachtungen bereicherten die Verhaltensforschung um völlig neue Erkenntnisse und machten Jane zu einer der bekanntesten Affenforscherinnen der Welt und zu einer engagierten Tierschützerin. Bis heute hält sie – begleitet von ihrem Stoffaffen Mr. H – überall auf der Welt Vorträge zu Umweltthemen.

SEHNSUCHTSORT AFRIKA

Bereits als Kind träumte Jane Goodall davon, in Afrika mit wilden Tieren zu leben und Bücher zu schreiben. Dass sie einmal Forscherin und Wissenschaftlerin werden würde, ahnte sie nicht. Jane kam 1934 in London zur Welt. Für Mädchen war es damals vorgesehen, zu heiraten und Kinder zu bekommen. Jane machte nach ihrem Schulabschluss zunächst eine Ausbildung zur Sekretärin. Doch Janes Traum erfüllte sich bald: 1957 lud eine Freundin sie nach Afrika ein. Jane lernte in Kenia den Anthropologen Louis Leakey (1903–1972) kennen. Er leitete in Ostafrika zahlreiche Ausgrabungen und wollte Überreste der Vorfahren des modernen Menschen finden. Jane wurde seine Assistentin. Louis Leakey hoffte, über das Verhalten von Affen mehr über den Vormenschen herauszufinden. 1960 gab er Jane den Auftrag, Schimpansen im heutigen Gombe-Stream-Nationalpark am Tanganjikasee in Tansania zu beobachten.

ENGLISCHE AFFENFORSCHERIN UND NATURSCHÜTZERIN

3. April 1934
  Geboren in London
1957
  Erste Reise nach Afrika
1960
  Assistentin des Anthropologen Louis Leakey
1965
  Promotion in Verhaltensforschung an der University of Cambridge
1971–1975
  Gastprofessur an der Stanford University, USA
1977
  Gründung des Jane-Goodall-Instituts
1991
  Gründung des Jugendprogramms »Roots & Shoots«
2002
  Friedensbotschafterin der UN

DAVID GREYBEARD UND DER GRASHALM

Jane hatte keinerlei Vorbildung oder wissenschaftliche Ausbildung in Verhaltensforschung. Doch bereits als Kind beobachtete sie die in England heimischen Tiere sehr genau. Im Dschungel leistete sie den Schimpansen Gesellschaft. Sie trug jeden Tag dieselbe Kleidung und grub Löcher, um die Affen neugierig zu machen und ihr Vertrauen zu gewinnen. Ihr Ziel: Die Affen sollten sich an Jane gewöhnen, sie akzeptieren, aber nicht großartig beachten. Anfangs fürchteten sich die Schimpansen vor Jane. Dann schlug die Angst in Wut um: Die Tiere versuchten immer wieder, den Eindringling zu vertreiben. Doch Jane hatte Ausdauer und unermessliche Geduld. Der erste Affe, der auf sie zukam, war ein Schimpanse mit silbrigem Bart. Jane taufte ihn »David Greybeard«. Eines Tages sah Jane, wie David Greybeard mit einem Grashalm Termiten aus einem Erdloch fischte. Mehr noch: Er brach einen Zweig von einem Baum ab, entfernte die Blätter und angelte sich damit die leckeren Insekten. Dieser Vorgang war eine Sensation: Der Affe benutzte Werkzeug und stellte es selbst her! So etwas hatte die Wissenschaft bisher nur Menschen zugetraut.

JANES WEG

Jane war die Erste, die Schimpansen in ihrer natürlichen Umgebung erforschte. Sie lebte mit ihnen und gab ihnen Namen – auch in ihren Aufzeichnungen. Das galt als unwissenschaftlich, doch Jane blieb ihrem Weg treu: Sie hatte schon als Kind erfahren, dass Tiere eigene Persönlichkeiten haben. Ihr Lehrer auf diesem Gebiet war Rusty – ihr erster Hund. Bei ihren Forschungen in Gombe fand Jane Goodall vieles heraus: Es gibt gute und schlechte Affenmütter. Schimpansen können Pläne schmieden und sich mit Zeichensprache verständigen. Sie sind sehr intelligent. Sie leben in Gemeinschaften, in denen jeder einen bestimmten Platz hat oder ihn sich erkämpft. Schimpansen fressen auch Fleisch. Sie jagen andere Affenarten und führen in Gruppen regelrecht Krieg. 1962 erhielt Jane Goodall dank ihrer Forschungsergebnisse eine Ausnahmegenehmigung für die University of Cambridge. Sie machte dort drei Jahre später ihren Doktor in Verhaltensforschung – ohne vorheriges Studium.

FORSCHUNG UND FAMILIE

1964 heiratete Jane den Tierfilmer und Fotografen Hugo van Lawick. Sie bekamen einen Sohn und ließen sich nach zehn Jahren scheiden. Jane musste ihr Kind in Gombe vor den Schimpansen und anderen Wildtieren schützen: Dazu setzte sie ihn beim Spielen auf dem Gelände der Forschungseinrichtung in einen geschlossenen Käfig. Jane war ab 1967 Direktorin des »Gombe Stream Research Center«. Von 1971 bis 1975 hatte sie eine Gastprofessur für Psychologie und Humanbiologie an der Stanford University in Kalifornien inne und gründete 1977 das Jane-Goodall-Institut, das sich für Tier- und Umweltschutz einsetzt.

UNTERWEGS FÜR TIERE

Jane beendete 1986 ihre Forschungsarbeit. Sie reiste stattdessen rund um den Globus und gab Unterricht in Ökologie. Die bekannteste Affenforscherin der Welt wurde zur Ikone und Aktivistin der Umweltbewegung. Jane hält bis heute weltweit Vorträge über die Bedeutung der Umwelt für alle Lebewesen auf dem Planeten Erde. Ebenso unermüdlich fordert sie mehr Rechte für Tiere und die Abschaffung von Tierversuchen. 2002 wurde Jane zur Friedensbotschafterin der UN ernannt. Zwischen ihren Reisen lebt Jane in Bournemouth, Südengland, wo sie aufwuchs. 2018 erschien der Dokumentarfilm »Jane«. Er erzählt von Janes Lebenswerk und zeigt spektakuläre Aufnahmen ihrer Schimpansen-Wahlfamilie. Ebenso beeindruckend sind die Landschaftsaufnahmen von Janes Sehnsuchtskontinent Afrika, die ihr erster Mann Hugo van Lawick drehte und die lange Zeit als verschollen galten.

»ROOTS & SHOOTS«

Viele Kinder und Jugendliche haben gute eigene Ideen und wollen sich für Natur und Tiere einsetzen oder soziale Missstände beseitigen. Aber wo können sie ihre Pläne bekannt machen und Mitstreiter finden? Am besten in ihrer nächsten Umgebung, der eigenen Region oder Gemeinde, dachte sich Jane Goodall. Sie gründete 1991 in Tansania das »Roots & Shoots«-Programm. Es bietet Projektarbeit von und mit Kindern, Jugendlichen, Schulen und Universitäten an. Mittlerweile gibt es »Roots & Shoots« (was übersetzt »Wurzeln und Sprösslinge« bedeutet) in 120 Ländern mit Zehntausenden, untereinander vernetzten Mitgliedern.

SYLVIA CADUFF

Den Takt angeben, das Tempo bestimmen, für die richtigen Einsätze sorgen — Dirigentin Sylvia Caduff gibt musikalisch die Linie vor.

»Bist du verrückt?«, war die prompte Reaktion, wenn die Schweizerin Sylvia Caduff verkündete, sie wolle Dirigentin werden. Kein Wunder! Sie äußerte ihren Wunsch in den 1960er-Jahren. Zu dieser Zeit durften Frauen in ihrem Heimatland noch nicht einmal wählen. Doch Sylvia ging ihren Weg zum Dirigentenpult: Sie machte eine Ausbildung bei einem berühmten Maestro und gewann als erste Frau überhaupt einen internationalen Dirigentenwettbewerb in New York. Sie dirigierte Orchester auf der ganzen Welt und wurde Generalmusikdirektorin in Solingen – als die weltweit erste Frau in solch einer Position. Als Gastdirigentin wirkte sie unter anderem beim Royal Philharmonic Orchestra in London, bei den Münchner und Berliner Philharmonikern mit. Einer ihrer größten Erfolge: Frauen greifen heute viel selbstverständlicher zum Taktstock!

NUR MUSIK, MUSIK, MUSIK

Ursprünglich wollte Sylvia Caduff Pianistin werden. Es war der Orchesterklang, der sie während ihres Studiums 1958–1961 am Konservatorium in Luzern umschwenken ließ: Als Dirigentin könnte sie immer mit und in diesem Töne-Meer leben. Ihren Traum zu verwirklichen war für sie als Frau schwieriger als gedacht. Ein Orchester zu leiten galt Anfang der 1960er-Jahren als reine Männersache. Doch Sylvia holte sich Rat von jemandem, der es wissen musste: beim Stardirigenten Herbert von Karajan. Überrumpelt meinte der, dass Frauen »so etwas« – zu dirigieren – eigentlich nicht machten. Aber er bot ihr an, zu testen, ob sie nicht tatsächlich das Zeug zur Dirigentin hätte. Sie bestand seine Prüfung und lernte zweieinhalb Jahre bei ihm.

WERBUNG DURCH WETTBEWERBE

Herbert von Karajan verabschiedete seine Schülerin mit einem lobenden Empfehlungsschreiben. Darin stand aber auch: »Ich hoffe, dass Ihr einziges Handicap, nämlich eine Frau zu sein, sich nicht nachteilig auf Ihre Laufbahn auswirken wird.« Sylvia wurde klar, dass sie auf andere Weise als Männer auf sich aufmerksam machen musste. Sie beschloss, an Dirigentenwettbewerben teilzunehmen. Der einflussreichste davon war der Mitropoulos-Wettbewerb in New York. 1966 beteiligten sich 34 Dirigenten aus 23 Ländern daran – Sylvia gewann. Als Preisträgerin musste sie sich für ein Jahr als Assistentin von Chefdirigent Leonard Bernstein bei den New Yorker Philharmonikern verpflichten. Deren Regeln, so meinte Bernstein bei einem von Sylvias Auftritten, müssten nun geändert werden: Sie verboten Frauen, das Orchester zu leiten.

IN DER DEUTSCHEN PROVINZ

Bei ihrer Rückkehr nach Europa wurde Sylvia keine Stelle als Chefdirigentin angeboten. Männer mit vergleichbarer beruflicher Entwicklung starteten hingegen glanzvolle Karrieren – etwa an der Mailänder Scala. Sylvia unterrichtete 1972–1976 am Berner Konservatorium Orchesterleitung. 1977 wurde sie vom Rat der Stadt Solingen zur Generalmusikdirektorin ernannt. Dort richtete sie in den nächsten neun Jahren mit dem Städtischen Orchester pro Jahr 50 Konzerte aus und betreute den Theaterbetrieb musikalisch. Sie gab diese Stelle 1986 erschöpft auf, weil sie aufgrund von Sparmaßnahmen keine Gastdirigenten mehr einladen konnte und fast alle Konzerte selbst leiten musste.

EIN LANGER WEG

Danach war Sylvia Caduff als Gastdirigentin in vielen Konzertsälen weltweit unterwegs. 2016 traf sie im Rahmen der Veranstaltung »PrimaDonna« beim Musikfestival in Luzern moderne Maestras: Die Litauerin Mirga Gražinytė-Tyla (geboren 1986), die Griechin Konstantia Gourzi (geboren 1962) und die Amerikanerin Marin Alsop (geboren 1956). Beeindruckt war Sylvia von Mirga, seit 2016 Chefdirigentin des City of Birmingham Symphony Orchestras. Diese erklärte:

»Ich fühle mich in diesem herausfordernden Beruf sehr wohl und bin überhaupt nicht benachteiligt.«

»Ich wusste nicht, dass mein Berufswunsch nicht normal war.«

SCHWEIZER DIRIGENTIN

7. Januar 1937
Geboren in Chur, Schweiz

1958–1961
Konservatorium Luzern

1962–1965
Dirigentenpraktikum bei Herbert von Karajan, Berlin

1966
Erster Preis beim Mitropoulos-Wettbewerb in New York

1966/1967
Assistenzdirigentin bei Leonard Bernstein, New York

1972–1976
Professorin für Orchesterleitung am Berner Konservatorium

1977–1986
Generalmusikdirektorin des Städtischen Orchesters in Solingen

Seit 1986
Freie Tätigkeit als Gastdirigentin

ANITA RODDICK

Tiere sollen nicht leiden – und schon gar nicht für die Schönheit! Anita Roddick, eine angehende englische Lehrerin, musste handeln. Sie gründete 1976 »The Body Shop«, ein winziges Geschäft in Brighton. Dort verkaufte sie Cremes, Shampoos und Seifen aus rein pflanzlichen, umweltfreundlichen Stoffen in nachfüllbaren Verpackungen und ganz ohne Tierversuche. Sie traf damit den Nerv der Zeit, in der das Umweltbewusstsein wuchs. Aus dem kleinen Laden entstand das größte britische Unternehmen für Naturkosmetik mit Filialen in aller Welt. Anita war auch eine Pionierin des fairen Handels: Sie folgte dem Grundsatz »Unternehmen haben die Kraft, Gutes zu tun«. Mit ihrer so ganz anderen Herangehensweise, eine Firma aufzubauen, wurde Anita Vorbild für viele weitere Frauen, ihren eigenen Weg in der Geschäftswelt zu gehen.

»SEI UNERSÄTTLICH – NACH IDEEN, DANACH, SIE UMZUSETZEN UND DEINE VISION WIRKLICHKEIT WERDEN ZU LASSEN.«

LEHRERIN, HIPPIE, GESCHÄFTSFRAU

Anita wuchs als Tochter italienischer Einwanderer in ihrem Geburtsort Littlehampton auf. Sie studierte Englisch und Geschichte auf Lehramt. Doch dann packte sie die Abenteuerlust: Sie ging auf den »Hippie-Trail« und bereiste ohne Ziel die Welt. Sie arbeitete in einer kleinen Siedlung in Israel, danach in der Abteilung Frauenrechte bei den Vereinten Nationen in Genf. Bald schon zog es Anita weiter nach Tahiti, Australien, Madagaskar, Mauritius und Südafrika. Unterwegs sah sie, wie Frauen sich mit natürlichen Mitteln aus Pflanzen, Früch-

ENGLISCHE UNTERNEHMERIN UND UMWELTAKTIVISTIN

23. Oktober 1942
Geboren als Anita Lucia Perella in Littlehampton, Sussex, England

1970
Heirat mit Gordon Roddick

1976
Gründung von »The Body Shop« in Brighton

1990
Gründung der Wohltätigkeitsorganisation »Children on the Edge«

2003
Verleihung des Titels »Dame of the British Empire«

2006
Verkauf von »The Body Shop« an L'Oréal

10. September 2007
Gestorben in Chichester, Sussex, England

ten und Kräutern pflegten. Anita überlegte, ob solche Schönheitsmittel nicht etwas für den englischen Markt wären. Zurück in England heiratete sie Gordon Roddick, bekam zwei Kinder und betrieb mit ihrem Mann ein kleines Hotel und Restaurant.

EINFACH ANDERS

1976 wollte sich Anitas Mann einen Lebenstraum erfüllen: auf einem Pferd durch Südamerika zu reiten. Anita ließ ihn ziehen und suchte nach einem Job, um den Rest der Familie über Wasser zu halten. Sie erinnerte sich an ihre Naturkosmetik-Idee und mietete einen kleinen Laden im Seebad Brighton. Anfangs bot sie 20 Produkte an, allerdings in drei verschiedenen Größen – um die Regale zu füllen. Sie verpackte die Flüssigkosmetik in schlichte Plastikbehälter, die immer wieder aufgefüllt, also mehrfach verwendet und recycelt wurden. Parfüms bot sie pur an: Die Kundinnen konnten sich ihren Lieblingsduft selbst unter die Cremes mischen. Mit einem der Düfte betrieb sie sinnliches Marketing: Sie legte mit Erdbeer-Parfüm in den Gassen von Brighton eine Spur von einem Parkplatz zu »The Body Shop«.

MIT GLEICHGESINNTEN ZUM ERFOLG

Anitas Idee, traditionelle Zutaten aus der Natur mit bekannter Schönheitswirkung als Kosmetik zu verwenden, fand großen Anklang. Schon bald konnte sie in England weitere Shops eröffnen. Ihr Mann Gordon brachte aus Amerika die Idee mit, Händler in anderen Ländern eigene »The Body Shop«-Filialen eröffnen zu lassen: Bei diesem sogenannten Franchising kaufen selbstständige Unternehmer die Ladenausstattung und

»Queen of Green« wurde Anita Roddick auch genannt. In ihrer Ladenkette »The Body Shop« setzte sie ganz auf umweltfreundliche Kosmetik.

die Produkte der Ursprungsmarke, betreiben ihr Geschäft ansonsten aber auf eigene Rechnung. »The Body Shop« wurde so zum Weltunternehmen und Anita Roddick zur Milliardärin.

UNTERNEHMENSREBELLIN

»The Body Shop« war das erste Kosmetikunternehmen, das ohne Tierversuche auskam und forderte, sie ganz zu verbieten. Beim Einkauf von Rohstoffen für ihre Kosmetik setzte Anita Roddick auf das Programm »Hilfe durch Handel«. Sie kaufte direkt bei Kleinbauern zu gerechten Preisen und verbesserte so deren Arbeits- und Lebensbedingungen. Ihre Kundinnen wollte Anita aber nicht nur für die neuesten Schönheitsprodukte interessieren: Jedes Jahr widmeten sich die Läden einer neuen Kampagne, z. B. der Freilassung politischer Gefangener oder dem Schutz der Wale. Bis zu ihrem Tod 2007 war Anita Roddick politisch aktiv. Ein Jahr zuvor hatte sie ihr Unternehmen für 944 Millionen Euro an den französischen Kosmetikriesen L'Oréal verkauft, seit 2017 ist es im Besitz des brasilianischen Natura-Konzerns.

ALICE SCHWARZER

Sie nervt, sie eckt an, sie hält einfach nicht ihren Mund – und das ist auch gut so! Das fand Alice Schwarzer jedenfalls selbst, denn sonst ändert sich ja nichts. Mit ihrer ganz eigenen, kämpferischen Art gab sie ab den 1970er-Jahren Frauen eine sehr laute Stimme: Weg mit der Unterdrückung und Erniedrigung von Frauen, weg mit Gewalt gegen Frauen! Her mit dem Recht auf Berufstätigkeit, auf eigenes Geld, auf Selbstbestimmung in Sachen Schwangerschaft. Sie startete aufsehenerregende Aktionen für und mit Frauen. Ihre 1977 gegründete Zeitschrift »EMMA«, die bis heute erscheint, stellt ebenfalls Frauen und deren Leben in den Mittelpunkt. Alice Schwarzer wurde zur wichtigen Pionierin für die Emanzipation und Gleichberechtigung von Frauen in Deutschland. Anfeindungen nahm sie dafür in Kauf – egal ob diese von Männern oder Frauen kamen.

Alice Schwarzer gehört zu den streitbarsten Frauen in Deutschland. 2017 feierte sie den 40. Geburtstag ihrer feministischen Zeitschrift »Emma«.

DEUTSCHE JOURNALISTIN, PUBLIZISTIN, FEMINISTIN

3. Dezember 1942
Geboren in Wuppertal

1970–1974
Psychologie- und Soziologiestudium in Paris

1970
Mitgründerin des »Mouvement de libération des femmes« (MLF)

1971–1982
Interviews mit Simone de Beauvoir

1971
»Stern«-Artikel »Wir haben abgetrieben!«

1977
Gründung der Zeitschrift »EMMA«

1996
Verleihung des Bundesverdienstkreuzes

PARIS RUFT!

Ihre Mutter war noch sehr jung, als Alice Schwarzer 1942 in Wuppertal geboren wurde. Alice wuchs deshalb bei ihren Großeltern auf. Sie wurde schief angesehen, da sie keinen Vater hatte. Bis heute erinnert sich Alice an ihren sehr fürsorglichen Opa, der das wettmachte.

1959 begann Alice Schwarzer eine kaufmännische Lehre und wurde Sekretärin. Doch das war ihr schnell zu eintönig. Mit 21 ging sie nach Paris, wo sie Sprachen studierte und Geld mit Gelegenheitsjobs verdiente. Zurück in Deutschland wurde sie Journalistin. Im Mittelpunkt ihrer Reportagen standen Frauen: wie sie leben, wie sie arbeiten, ihre Stellung in der Gesellschaft. Als sie 27 Jahre alt war, kehrte Alice nach Paris zurück. Sie arbeitete als freie Journalistin und studierte Psychologie und Soziologie.

PRÄGENDE BEGEGNUNG

1970 gründete Alice Schwarzer mit anderen Frauen das »Mouvement de libération des femmes« (MLF), die »Bewegung zur Befreiung der Frauen«. In diesem Netzwerk schlossen sich Gruppen der französischen Frauenbewegung zusammen. Im selben Jahr plante Alice ein Interview mit dem französischen Philosophen Jean-Paul Sartre. Dabei lernte sie dessen Lebensgefährtin Simone de Beauvoir (s. S. 70) kennen. Simone hatte mit ihrem Buch »Das andere Geschlecht« einen Klassiker der Frauenbewegung geschrieben. Zwischen 1971 und 1982 führte Alice sechs Interviews mit ihrem Vorbild. Simone gehörte 1971 zu den Frauen, die sich öffentlich dazu bekannten, eine Schwangerschaft abgebrochen zu haben. Alice holte diese Aktion nach Deutschland: Am 6. Juni 1971 erklärten 374 Frauen in einem Artikel der Zeitschrift »Stern«: »Wir haben abgetrieben!« Denn Frauen sollten nicht mehr bestraft werden, wenn sie eine Abtreibung machen. Alices Kampagne beflügelte die neue Frauenbewegung in Deutschland. Ihr Motto: »Mein Bauch gehört mir!«

DER KLEINE UNTERSCHIED …

Alice Schwarzer wurde zur »Emanze der Nation«. Sie schrieb mehrere Bücher über drängende Probleme, mit denen Frauen zu kämpfen hatten. In ihrem Buch »Frauenarbeit – Frauenbefreiung« (1973) thematisierte sie, dass Frauen im Haushalt und bei der Kindererziehung gar nicht und im Beruf viel zu schlecht bezahlt werden. Das Buch »Der kleine Unterschied und die großen Folgen« (1975) behandelte die Frage der Unterdrückung von Frauen. 1977 gab Alice erstmals die unabhängige feministische Zeitschrift »EMMA« heraus. Das Blatt »von Frauen für Frauen« erscheint bis heute alle zwei Monate. Alice Schwarzer ist – mit kurzer Unterbrechung – seither die Chefredakteurin.

STREITBAR UND UMSTRITTEN

Alice streitet bis heute unermüdlich für Frauen, muss aber auch Kritik einstecken. Sie tritt in Talk- und Politiksendungen, aber auch Spiel- und Rateshows auf. Sie schreibt für die »Bild«-Zeitung, obwohl sie das Blatt früher für frauen- und menschenfeindlich hielt. Und sie kritisiert junge Frauen: So bezeichnete Alice z. B. 2002 die Moderatorin Verona Pooth als »einzige Ohrfeige für uns Frauen«, weil sie die Rolle des »öffentlichen Dummchens« spielen würde. Klar ist: Alice hat mit dazu beigetragen, dass heute jede Frau selbst entscheiden kann, was Emanzipation für sie ist.

> »ICH BIN ES LEID, EINE FRAU ZU SEIN. ICH WÄRE SCHRECKLICH GERNE EINFACH NUR MENSCH.«

ANGELA MERKEL

»Mein Mädchen« – so nannte Bundeskanzler Helmut Kohl Angela Merkel. Er hatte die 36-jährige Physikerin mit Doktortitel 1991 zur Ministerin für Frauen und Jugend gemacht. Die Frau aus Ostdeutschland legte eine steile politische Karriere hin: Sie war Bundesministerin für Umwelt, Naturschutz und Reaktorsicherheit sowie als erste Frau CDU-Generalsekretärin und CDU-Vorsitzende. »Angie« zog 2005 als Kanzlerkandidatin der CDU/CSU in den Wahlkampf und wurde – auch als erste Frau – deutsche Bundeskanzlerin. 2018 begann Angelas vierte Amtszeit als Kanzlerin. Mal »Mutti«, mal »mächtigste Frau der Welt« genannt, leitete sie die Energiewende in Deutschland ein, engagiert sich stark für Europa und bezog mit »Wir schaffen das!« deutlich Stellung in der »Flüchtlingskrise«.

> »Es ist keine vollkommene Gesellschaft, wenn ganze Bereiche nur von Männern besetzt werden. Oder nur von Frauen.«

ANFÄNGE IN DER DDR

Angela Dorothea Kasner kam 1954 in Hamburg zur Welt. Bald zog die Familie in die Nähe von Templin in der DDR um. Angelas Vater bekam dort eine Stelle als Pfarrer – sein Beruf galt als »staatskritisch«, weshalb Angelas Mutter, eine Lehrerin, nicht im ostdeutschen Schuldienst arbeiten durfte. Angela fiel in der Schule mit ihren hervorragenden Noten in Mathe und Russisch auf. Ihr Abitur machte sie 1973 mit der Note 1,0. Von 1973 bis 1978 studierte sie Physik in Leipzig und

DEUTSCHE POLITIKERIN UND ERSTE BUNDESKANZLERIN

17. Juli 1954
Geboren als Angela Dorothea Kasner in Hamburg

1957
Umzug der Familie nach Templin, DDR

1973–1978
Physikstudium

1977–1982
Ehe mit Ulrich Merkel

1986
Promotion

1991–1994
Bundesministerin für Frauen und Jugend

1994–1998
Bundesministerin für Umwelt, Naturschutz und Reaktorsicherheit

1998
Heirat mit Chemieprofessor Joachim Sauer

1998–2000
CDU-Generalsekretärin

Ab 2000
CDU-Vorsitzende

Ab 2005
Erste deutsche Bundeskanzlerin – viermal wiedergewählt

arbeitete bis 1989 am Zentralinstitut für physikalische Chemie in Ostberlin. Zwischenzeitlich war sie mit dem Physiker Ulrich Merkel verheiratet. 1986 machte Angela Merkel ihren Doktor in Physik.

PLÖTZLICH MINISTERIN

1989 fiel die Mauer – das geteilte Deutschland steuerte auf die Wiedervereinigung zu. Angela Merkel schloss sich 1990 einer neu gegründeten ostdeutschen Politgruppe an. In nur einem Jahr wurde sie stellvertretende Regierungssprecherin in der Regierung unter Lothar de Maizière. Sie trat der CDU bei und zog im Dezember 1990 in den Bundestag ein. Wenig später ernannte Bundeskanzler Helmut Kohl sie im ersten gesamtdeutschen Kabinett zur Bundesministerin für Frauen und Jugend.

»VATERMÖRDERIN«

1994–1998 war Angela Merkel Bundesministerin für Umwelt, Naturschutz und Reaktorsicherheit. 1998 verlor die Regierung aus CDU/CSU und FDP die Bundestagswahl und ging in die Opposition. Angela wurde Generalsekretärin der CDU: In dieser Funktion forderte sie ihre Parteikollegen 1999 in einem offenen Brief auf, sich vom Ehrenvorsitzenden Helmut Kohl zu lösen. Kohl hatte die Millionenspende eines unbekannten Geldgebers nicht ordentlich ausgewiesen. Er weigerte sich zudem, den Namen des Gönners zu nennen. Angela Merkel wurde für ihre klaren Worte und ihr Eintreten für einen Neuanfang der Partei als »Vatermörderin« und »Nestbeschmutzerin« beschimpft. Dennoch wählte ihre Partei sie am 10. April 2000 zur CDU-Vorsitzenden. 2002 verzichtete Angela Merkel auf eine Kanzlerkandidatur und gab ihrem Kollegen Edmund Stoiber den Vortritt.

Sie kam und blieb: Angela Merkel ist seit 2005 deutsche Bundeskanzlerin. Die erste Frau in diesem Amt ging 2018 in ihre vierte Amtszeit.

DIE EWIGE KANZLERIN

Angela Merkel ging 2005 als Kanzlerkandidatin bei den vorgezogenen Neuwahlen ins Rennen: Die 51-Jährige wurde am 22. November 2005 erste und jüngste Kanzlerin der Bundesrepublik Deutschland. Drei Wahlperioden später ist sie weiterhin Amtsinhaberin. Ihr Regierungsstil wird von einigen Leuten als planlos bezeichnet, andere schätzen ihre bedachte Art. Manche Entscheidungen überraschen, wie die Aussetzung der Wehrpflicht, der Ausstieg aus der Atomkraft nach der Reaktorkatastrophe in Japan 2011 oder ihre spontan menschliche Reaktion 2015, in Ungarn gestrandete Flüchtlinge ins Land zu lassen. Sicher ist, dass sie auf ihrem Weg zahllose männliche Rivalen hinter sich gelassen hat. Auf internationalem Parkett begegnet sie Männern auf Augenhöhe, gelassen und selbstbewusst.

Christine Lagarde

Frauen fördern und für Gleichberechtigung sorgen, will Christine Lagarde. Als oberste Krisenmanagerin der Weltwirtschaft könnte sie das schaffen.

»Girls' Out« – eine Auszeit nur mit den Mädels gönnt sich Christine Lagarde auf ihren Reisen. Aber nicht etwa zu ihrem Privatvergnügen. Die Französin steht als erste Frau an der Spitze des Internationalen Währungsfonds (IWF). Die Organisation wurde 1945 gegründet und ihr gehören 189 Staaten an. Sie vergibt Kredite an Länder, die Zahlungsschwierigkeiten haben. Nach Verhandlungen mit hochrangigen Politikern trifft sich Christine regelmäßig mit Frauen aus den Ländern, in denen sie sich gerade aufhält. Sie interessiert sich für ihren Alltag, wie sie arbeiten und ob sie überhaupt arbeiten (dürfen). Denn es hat große Auswirkungen auf die Gesellschaft, wenn Frauen etwas zur Wirtschaft beitragen oder davon ausgeschlossen werden. Das gilt auch für Machtpositionen: Christine Lagarde will Einfluss nehmen und mitgestalten. Sie füllte viele Führungsrollen in der Wirtschaft und der Politik aus, die sonst oft nur Männer eingenommen haben. Eine wichtige Erfahrung für sie war dabei, für grobe Fehler einzustehen.

RECHT ZIELSTREBIG

Christine wurde in Paris geboren, wuchs aber mit ihren drei Geschwistern in Le Havre in der Normandie auf. In ihrer Jugend gehörte

FRANZÖSISCHE RECHTSANWÄLTIN, POLITIKERIN UND CHEFIN DES IWF

1. Januar 1956
Geboren als Christine Madeleine Odette Lallouette in Paris

1981
Rechtsanwältin in einer international tätigen Wirtschaftskanzlei in Paris

1999–2004
Präsidentin der Geschäftsführung der Wirtschaftskanzlei, Paris

2004
Vorsitzende des Global Strategy Committee der Wirtschaftskanzlei, Chicago

Juni 2005–Mai 2007
Beigeordnete Ministerin für Außenhandel der französischen Regierung

18. Mai–19. Juni 2007
Ministerin für Landwirtschaft und Fischerei

9. Juni 2007–29. Juni 2011
Ministerin für Wirtschaft und Finanzen

Ab 5. Juli 2011
Geschäftsführende Direktorin des IWF

sie der französischen Nationalmannschaft der Synchronschwimmer an. Sie war 17, als ihr Vater 1973 starb. Dank eines Stipendiums konnte Christine ein Jahr später eine Mädchenschule bei Washington D.C., USA, besuchen. Sie studierte Sozialrecht, machte einen Magisterabschluss in Englisch und Wirtschaftsrecht sowie ein Diplom in Arbeitsrecht. Ab 1981 arbeitete sie als Rechtsanwältin im Pariser Büro einer großen amerikanischen Wirtschaftskanzlei.

VON DER WIRTSCHAFT IN DIE POLITIK

Ab 1999 leitete Christine Lagarde das Pariser Büro der Kanzlei. 2004 übernahm sie die strategische Leitung des gesamten Unternehmens mit rund 3500 Beratern in 70 Ländern. Sie beriet wichtige Kunden, z. B. Sony und Microsoft. Sie war viel unterwegs und pendelte zwischen Büros in Paris, Hongkong und Chicago. Gleichzeitig zog sie zwei Söhne groß. Von 2005–2011 bekleidete Christine verschiedene Ministerposten in Frankreich: Sie war beigeordnete Ministerin für Außenhandel, für Landwirtschaft und Fischerei sowie Ministerin für Wirtschaft und Finanzen.

FRAUEN AN DIE MACHT!

Am 5. Juli 2011 wurde Christine geschäftsführende Direktorin des IWF. Zu einer ihrer ersten Aufgaben gehörte es, in der griechischen Schuldenkrise zu verhandeln. Eine ihrer Geheimwaffen in den hitzigen Auseinandersetzungen: Schokolinsen! Sie bot sie immer dann an, wenn die Stimmung zu kippen drohte. In ihrem neuen Amt kümmerte sie sich nach und nach um andere Themen als allein Zinsen, Wachstum und Wechselkurse: Wirtschaft bedeutete für sie auch, auf Umweltschutz und Nachhaltigkeit zu achten. Ebenso wichtig war und ist ihr, dass Frauen arbeiten und eigenes Geld verdienen. Denn berufstätige Frauen, so sagen es wissenschaftliche Studien, kurbeln die Wirtschaft an.

SCHULDIG, ABER STRAFFREI

Kurz nachdem sie Direktorin des IWF geworden war, holte sie ein Fehler aus der Vergangenheit ein. Sie hatte als Finanzministerin zugelassen, dass ein französischer Unternehmer vom Staat sehr viel Geld als Entschädigung bekam. 2013 wurde deshalb ihre Wohnung durchsucht und sie zwei Tage vernommen. 2014 wurde sie angeklagt und nach weiteren Gerichtsverhandlungen zwei Jahre später schuldig gesprochen: Sie sei »fahrlässig« mit dem Geld der Steuerzahler umgegangen. Für den teuersten politischen Fehler in der europäischen Geschichte bekam Christine jedoch weder eine Haft- noch eine Geldstrafe.

»Es war schon immer meine Überzeugung, dass Frauen in schweren Zeiten gerufen werden.«

STEFFI GRAF

»JEDES PROBLEM, DAS MAN BEWÄLTIGT, BRINGT EINEN IN DER ZUKUNFT WEITER. UND GIBT AUCH NEUE KRAFT.«

Steffi Graf gewinnt noch mal das Finale: 1996 holte sie in London ihren siebten und letzten Wimbledon-Titel

»Wunderkind« und »größtes Talent, das es in Deutschland je gegeben hat« – so wurde Steffi Graf bereits mit elf Jahren genannt. Sie war früh eine Meisterin am Tennisschläger und Gegnerinnen fürchteten ihre Schnelligkeit und hart geschlagene Vorhand. Ihr Vater trainierte sie und machte sie zu einer der besten und bekanntesten Tennisspielerinnen der Welt. »Gräfin Gnadenlos'« großer Durchbruch kam 1987: Sie erreichte Platz 1 der Tennis-Weltrangliste. Steffi blieb 186 Wochen in Folge auf dieser Spitzenposition und 377 Wochen insgesamt. 1988 errang sie als erster – und bisher einziger – Mensch den Golden Slam! Die Sportlegende begeisterte Tausende Mädchen und Frauen für den »weißen Sport«, auch nachdem sie 1999 ihre Karriere beendete.

EIGENER WILLE

Einen Tennisschläger hielt Steffi Graf erstmals 1973 in der Hand. Die Dreijährige wollte so spielen wie ihr Vater Peter. Der erkannte ihr Talent und unterrichtete sie. Mit fünf Jahren gewann Steffi Graf das »Jüngsten«-Turnier in München und in den folgenden Jahren weitere Turniere. 1982 siegte sie mit nur 13 Jahren bei der Deutschen Jugendmeisterschaft der 18-Jährigen – ihr Vater meldete Steffi sofort bei der Women's Tennis Association (WTA) als Profispielerin an und wurde hauptberuflich ihr Trainer. Ihr früher Wechsel ins Profilager wurde offen kritisiert, was Steffi Graf mit »Ich will es aber so!« kommentierte. Sehr rasch kletterte der Teenager auf Platz 214 der Weltrangliste.

TENNISZIRKUS STATT SCHULE

1983 hatte sich Steffi Graf auf Platz 98 in der Weltrangliste hochgearbeitet. Training und Wettbewerbe verschlangen viel Zeit, deshalb verließ das Tennisass mit 14 Jahren die Realschule. 1985 stand Steffi Graf auf Platz 8 der Weltrangliste, ein Jahr später bereits auf Platz 3. Zwei Cracks des Frauentennis lagen noch vor ihr: die Amerikanerin Chris Evert und die gebürtige Tschechin und Wahl-Amerikanerin Martina Navrátilová. Anfang 1987 schlug Steffi zum ersten Mal Chris Evert beim Sandplatzturnier in Hilton Head Island. Kurz darauf gelang der 16-Jährigen bei den German Open in Berlin ein überraschender Sieg mit 6:2 und 6:3 über Martina Navrátilová.

DEUTSCHE TENNISSPIELERIN

14. Juni 1969
Geboren in Mannheim

1982
Sieg bei der Deutschen Jugendmeisterschaft der 18-Jährigen

1982
Beginn der Profikarriere

1987
Platz 1 der Tennis-Weltrangliste der Frauen

1988
»Grand Slam« und »Golden Slam«; »Weltsportlerin des Jahres«

Bis 1990
66 Spiele in Folge ungeschlagen

1995–1997
Steuerskandal

1998
Gründung der Stiftung »Children for Tomorrow«

1999
Rücktritt als Profitennisspielerin

2001
Heirat mit Andre Agassi

KRIMIREIFES DAMEN-DUELL

1987 wurde ein außerordentlich erfolgreiches Jahr für Steffi: Sie spielte 75 Matches (von denen sie nur zwei verlor) und gewann elf Turniere. Bei den French Open am 6. Juni stand sie im Finale – ihre Gegnerin: wieder Martina Navrátilová. Die beiden schenkten sich in dieser nervenzerfetzenden Partie nichts und gewannen jeweils einen Satz mit 6:4 – Gleichstand! Im dritten und letzten Satz lag Martina mit 5:4 in Führung, wurde von Steffi aber schließlich mit 8:6 doch noch geschlagen. Im Finale von Wimbledon einige Wochen später trug dann wieder Martina den Sieg davon. Steffi schlug jedoch am 17. August Chris Evert im Finale von Manhattan Beach und rückte dadurch endlich auf Platz 1 der Damentennis-Weltrangliste.

GOLDEN TENNIS

Tennisgeschichte schrieb Steffi Graf ein Jahr später: Sie gewann die Australian Open, die French Open, die Wimbledon Championships und die US Open. Eine derartige Siegesserie innerhalb eines Kalenderjahres wird als »Grand Slam« bezeichnet. Im Dameneinzel war das bisher nur der Amerikanerin Maureen Connolly 1953 und der Australierin Margaret Smith 1970 gelungen. Steffi toppte ihren großen Erfolg im selben Jahr noch mit einer Goldmedaille im Dameneinzel bei den Olympischen Spielen in Seoul – das machte aus dem »Grand Slam« einen »Golden Slam«. Einen solchen Rekord hatte bisher niemand zuvor aufgestellt – und er ist bis heute ungebrochen. 1988 verbuchte

Steffi Graf 72 Siege und nur drei Niederlagen. Sie wurde zur »Weltsportlerin des Jahres« gewählt und zur Ehrenbürgerin ihrer Heimatstadt Brühl ernannt. 1989 hätte Steffi beinahe einen Doppel-Grand-Slam errungen. Sie verlor jedoch bei den French Open in Paris gegen die Spanierin Arantxa Sánchez Vicario.

KARRIEREKNICK

Bis 1990 blieb Steffi 66 Spiele in Folge ungeschlagen. Dann traf sie auf eine ernst zu nehmende jüngere Konkurrentin: die Jugoslawin Monica Seles. Gegen sie verlor Steffi bei den German Open in Berlin. Damit begann eine Art Talfahrt, denn Steffi verlor mehr Spiele als je zuvor. Am 10. März 1991 musste »die Gräfin« ihren Spitzenplatz auf der Weltrangliste an Monica abgeben. Zwar holte sie ihn sich 1993 zurück, aber die Spiele im Frauentennis wurden von einem schrecklichen Zwischenfall überschattet: Ein Zuschauer verletzte Monica Seles in einer Spielpause mit einem Messer er hatte es nicht ertragen, dass sie Steffi besiegt hatte. Monica spielte nach dem Attentat zwei Jahre lang nicht mehr.

TENNIS ADE

Die folgenden Jahre waren von Grand-Slam-Gewinnen, Verletzungen und einem Skandal geprägt. Peter Graf wurde 1995 wegen Steuerhinterziehung verhaftet und kam Anfang 1997 für drei Jahre ins Gefängnis. Steffi blieb gegen eine Geldstrafe auf freiem Fuß. Wegen einer Knieoperation fiel sie 1998 für ein Jahr aus. Die junge Schweizerin Martina Hingis rückte so auf Platz 1 der Weltrangliste, während Steffi am 8. Juni 1998 ganz aus ihr herausfiel. Ein Jahr später spielte Steffi noch einmal bei den French Open gegen Martina Hingis. In einer atemberaubenden Aufholjagd schlug sie in letzter Minute ihre jüngere Gegnerin. Am 13. August 1999 trat Steffi Graf als Profitennisspielerin zurück. Sie heiratete 2001 den US-amerikanischen Tennisspieler Andre Agassi. Mit ihm hat sie zwei Kinder und lebt in Las Vegas, USA.

STEFFIS STIFTUNG

»Children for Tomorrow« nannte Steffi Graf ihre Stiftung, die sie 1998 in Hamburg gründete. Sie unterstützt Einrichtungen in Deutschland, im Kosovo, in Eritrea und Uganda. Dort hilft sie schwer traumatisierten Kindern, die oft in ihren Heimatländern Opfer von Kriegen, Verfolgung oder anderen Gewalttaten geworden sind. Viele geflüchtete Kinder, aber auch solche, die in ihrem Land geblieben sind, tragen schreckliche Eindrücke und seelische Verletzungen mit sich herum. Psychologen helfen ihnen, das Erlebte zu verarbeiten, damit sie ein normales Leben führen können. Für die Stiftung sammelt Steffi Graf Spenden – für ein Benefizspiel greift sie dafür auch gerne noch mal zum Tennisschläger.

FRAUEN IM SPORT

FRAU TOLLKÜHN

Warum sollte sie nähen, wenn ihr Bruder Radfahren trainierte? Die Belgierin **Hélène Dutrieu** (1877–1961) schwang sich also auch auf den Sattel und legte los: Sie stellte den Stundenweltrekord für Frauen im Radsport auf, wurde dreimal Weltmeisterin im Sprint, gewann den Grand Prix d'Europe und ein Zwölf-Tage-Rennen. 1903 verblüffte sie im Zirkus als »menschlicher Pfeil« mit einem Rad-Stunt. Später machte sie als erste Belgierin ihren Pilotenschein. Sie gewann 1911 – als einzige weibliche Teilnehmerin – einen Wettflug und stellte einen neuen Streckenweltrekord für Frauen auf.

DIE FLIEGENDE HAUSFRAU

Die Niederländerin **Fanny Blankers-Koen** (1918–2004) wurde zum Superstar der Olympischen Spiele von 1948 in London. Sie gewann vier Goldmedaillen über 100 Meter, 200 Meter und 80 Meter Hürdenlauf sowie mit der 4-mal-100-Meter-Staffel. Hatte sie hart trainiert? Gerade mal vier Stunden in der Woche – mehr Zeit hatte die Hausfrau und Mutter nicht. Fanny gilt bis heute – gemessen an ihren Goldmedaillen – als erfolgreichste Leichtathletin Europas.

DIE GOLD-ROSI

Vier Rennen machten die 14-fache deutsche Meisterin im Skirennen **Rosi Mittermaier** (*1950) zur Ski-Legende: 1976 gewann sie Gold in der Abfahrt und beim Slalom bei den Olympischen Winterspielen in Innsbruck. Beide Disziplinen wurden beim Ski alpin auch als Weltmeisterschaften gewertet: Sie hatte also direkt vier Goldmedaillen errungen. Kurz darauf kamen noch Gold im Slalom und in der Kombination dazu sowie Silber im Riesenslalom, was wieder doppelt gewertet wurde.

DIE AM BARREN SCHWEBT

14 Jahre alt war die rumänische Kunstturnerin **Nadia Elena Comăneci** (*1961), als ihr 1976 bei den Olympischen Spielen das angeblich Unmögliche gelang: Sie erhielt als erste Turnerin der Welt die Note 10,0! Im ersten Augenblick war sie sicher erschrocken, denn auf der Anzeigetafel stand 1,00 – eine zweistellige Höchstnote war bis zu ihrer Meisterleistung am Stufenbarren gar nicht vorgesehen. Nadia gilt als eine der erfolgreichsten Turnerinnen aller Zeiten: mit insgesamt fünfmal Gold, dreimal Silber und einmal Bronze bei zwei Olympiaden, zwei Goldmedaillen bei Weltmeisterschaften und neunmal Gold bei Europameisterschaften.

BESTE TECHNIKERIN DER WELT …

… – allerdings im Kugelstoßen – wurde **Astrid Kumbernuss** (*1970) genannt. Anfangs trat sie erfolgreich für die DDR an. Anfang der 1990er-Jahre wurde bekannt, dass viele Kugelstoßerinnen und Diskuswerferinnen wie Astrid gedopt und deshalb so muskelbepackt waren. Astrids Karriere machte einen Knick, doch bald holte sie noch mal mächtig aus: Drei WM-Goldmedaillen ab 1995, der Olympiasieg 1996 und 51 Wettkämpfe in Folge ohne Niederlage machten sie zur erfolgreichsten Kugelstoßerin aller Zeiten. Ihre Bronzemedaille bei der Olympiade in Sydney 2000 war ihre letzte.

FUSSBALLGÖTTIN

Dank einer Sondergenehmigung konnte **Birgit Prinz** (*1977) schon mit 15 Jahren zu ihrem ersten Bundesligaspiel für den FSV Frankfurt antreten. Zusammen mit ihrer Teamkollegin Sandra Smisek bildete sie ein gefährliches Sturmduo namens »Keks und Krümel«. Im Laufe ihrer Deutschland- und US-Karriere wurde sie von 2003–2005 zur Weltfußballerin gewählt, war Rekordschützin bei der Fußball-WM der Frauen und bei den Olympischen Spielen. 128 Länderspieltore gehen auf ihr Konto – das hat bisher keiner im DFB eingeholt! Übrigens auch kein Mann: Miroslav Klose führt mit 71 Toren.

HÜRDEN EINREISSEN

Sie war zwölffache Goldmedaillengewinnerin im Biathlon und Skilanglauf bei paralympischen Spielen und die erste blinde Person auf dem 4565 m hohen Mount Meru in Tansania: **Verena Bentele** (*1982) hat es sich zur Lebensaufgabe gemacht, Barrieren zu überwinden. Sie ist von Geburt an blind, aber für sie ist ihr Handicap ein Antrieb. Sie will Dinge trotzdem angehen, Grenzen beständig austesten und erweitern sowie nach Misserfolgen nicht aufgeben. 2014–2018 war Verena Behindertenbeauftragte der Bundesregierung. Seit 2018 setzt sie sich als Vorsitzende eines großen Verbandes für soziale Fragen ein.

GERLINDE KALTENBRUNNER

2009 versuchte Gerlinde Kaltenbrunner den K2, einen der 14 Achttausender, zu besteigen – und scheiterte. Erfolg hatte sie erst 2011.

14 mal 8000 ist gleich ... Nein, das ist keine Rechenaufgabe, die du lösen sollst! Die Zahlen beschreiben in aller Kürze die große Leistung der österreichischen Höhenbergsteigerin Gerlinde Kaltenbrunner. Zwischen 1998 und 2011 hat sie alle 14 Berge der Welt bestiegen, die höher als 8000 m sind. Diese Berge liegen im Himalaja und im benachbarten Karakorum in Zentralasien. Es gab zwar ein Wettrennen, welche Frau zuerst alle Achttausender erklimmen konnte, aber daran beteiligte Gerlinde sich nicht. Für den Aufstieg auf einige der Bergriesen nahm sie mehrere Anläufe, denn es war für sie wichtiger, sicher oben anzukommen und auch den Abstieg zu bewältigen. Sie stand schließlich als dritte Frau auf allen Berggiganten der Erde. Und trotzdem stellte sie einen Rekord auf: Gerlinde meisterte als erste Frau alle Achttausender der Erde ohne künstlichen Sauerstoff.

»DIE LETZTEN SCHRITTE ZUM GIPFEL WAREN EIN TIEFER GLÜCKSMOMENT, ICH WAR EINS MIT ALLEM.«

ÖSTERREICHISCHE HÖHENBERGSTEIGERIN

13. Dezember 1970
Geboren in Kirchdorf an der Krems, Österreich

1983
Erste Klettererfahrungen

1998
Besteigung des ersten »echten« Achttausenders

2000–2004
Sechs Achttausender bestiegen

2005–2011
Weitere sieben Achttausender bestiegen

2007–2015
Ehe mit Extrembergsteiger Ralf Dujmovits

EINE FRAU WILL NACH OBEN

Es war der Pfarrer ihrer Heimatgemeinde, der Gerlinde Kaltenbrunner zum Bergsteigen brachte. Er zog mit den Jugendlichen im oberösterreichischen Spital am Pyhrn nach den Sonntagsgottesdiensten auf die umliegenden Höhen. Gerlinde ließ danach in ihrer Freizeit keine Gelegenheit zum

Klettern aus. Nach ihrem Schulabschluss wurde sie aber erst einmal Krankenschwester. Ihr größter Traum, einen Achttausender zu besteigen, erfüllte sich 1994. Im Alter von 23 Jahren bestieg sie den 8027 m hohen Vorgipfel des Broad Peak zwischen Pakistan und China. Er zählt allerdings nicht zu den »echten« 14 Achttausendern. Anders der 8188 m hohe Cho Oyu im Himalaya: Auf seinem Gipfel kam Gerlinde am 6. Mai 1998 an.

ERFOLGE UND MISSERFOLGE

In den Jahren 2000–2002 bestieg Gerlinde Kaltenbrunner jeweils im Mai drei Achttausender: den Shishapangma in Tibet (8027 m, niedrigster Achttausender), den Makalu in China (8485 m, fünfthöchster Berg der Welt) und den Manaslu in Nepal (8163 m, achthöchster Berg). Im Mai 2003 ging sie mit dem Kangchendzönga (8586 m) den dritthöchsten Gipfel der Welt an. Starke Stürme beendeten die Expedition auf 7200 m. Erfolgreicher war Gerlinde am 8125 m hohen Nanga Parbat (neunthöchster Berg), den sie im Juni 2003 erklomm. Sie lebte fortan als Profibergsteigerin und fügte im Mai und Juni 2004 die Annapurna (8091 m, zehnthöchster Berg) und den Gasherbrum I (8080 m, elfthöchster Berg) zu ihrer Achttausender-Sammlung hinzu.

LEBENSRETTERIN

Im Mai 2005 gelang Gerlinde mit ihren Bergsteigerkollegen Ralf Dujmovits und Hirotaka Takeuchi als ersten Menschen eine Süd-Nord-Überschreitung des Shishapangma-Hauptgipfels. Im selben Jahr wollte sie den Mount Everest (8848 m, höchster Berg der Erde) bezwingen. Aber auf 7650 m Höhe erkrankte Gerlindes japanischer Gefährte Hirotaka. Sie brachte ihn zurück ins Basislager und rettete ihm so das Leben. Erfolgreicher war die Besteigung des Gasherbrum II (8034 m, dreizehnthöchster Berg) im Juli 2005. Beim zweiten Versuch erreichte sie am 14. Mai 2006 den Gipfel des Kangchendzönga. 2007 heirateten Gerlinde und Ralf.

HARTE BROCKEN

Es fehlten Gerlinde noch fünf Achttausender-Berge: Den Broad Peak (8051 m, zwölfthöchster Berg) erreichte sie im Juli 2007 ohne größere Schwierigkeiten. Für den Mount Everest und den Dhaulagiri (8167 m, siebthöchster Berg) benötigte sie bis 2008 bzw. 2010 jeweils zwei Versuche und für den Lhotse (8516 m, vierthöchster Berg) bis 2009 sogar drei. Als äußerst unzugänglich erwies sich der K2 (8611 m, zweithöchster Berg): Ganze siebenmal ging Gerlinde Kaltenbrunner ihn an. Bei ihrem sechsten Versuch 2010 geschah etwas Tragisches: Ihr Begleiter, der schwedische Bergsteiger und Extremskifahrer Fredrik Ericsson, verunglückte tödlich. Gerlinde schaffte es am 23. August 2011 endlich, auf dem Gipfel des K2 zu stehen. Sie war damit nach der Südkoreanerin Oh Eun-Sun und der Spanierin Edurne Pasaban die dritte Frau, der das gelungen war. Bergsteigerlegende Reinhold Messner, der 1986 die Achttausender-Reihe geschafft hatte, würdigte Gerlindes Touren als außerordentlich – vor allem weil sie immer auf zusätzlichen Sauerstoff verzichtet hatte. Bis 2017 haben erst 38 Menschen überhaupt alle Achttausender bestiegen, 17 davon ohne Flaschensauerstoff.

LAURA DEKKER

Wie fändest du das: Du wachst morgens auf, bist mutterseelenallein und siehst um dich herum nur Wasser, so weit das Auge reicht. Eine Horrorvision? Nicht für Laura Dekker, die jüngste Einhand-Weltumseglerin der Welt. Mit 14 Jahren startete sie 2010 zu einem Törn, bei dem sie 27 000 Seemeilen bewältigte und drei Ozeane durchquerte, bevor sie zwei Jahre später wieder an Land ging. Doch vor diesem großen Abenteuer musste Laura eine andere gewaltige Hürde überwinden: Ein Gericht verbot ihr, überhaupt in See zu stechen.

WIE FÜRS MEER GEMACHT

Laura kam während einer Weltreise ihrer Eltern zur Welt – klar, auf einem Boot! Sie besitzt durch ihren Vater die niederländische, durch ihre Mutter die deutsche und durch den Ort ihrer Geburt, Whangarei, die neuseeländische Staatsbürgerschaft. Ihre Kindheit verbrachte sie meist auf Schiffen und in einer Werft. Ihr Vater – bei ihm lebte sie seit der Scheidung ihrer Eltern – war ein segelbegeisterter Bootsbauer. Laura lernte von ihm Navigation, den Umgang mit Kompass und Radar, wie sie ein Boot bei jedem Wetter beherrscht und wie sie ihre Position per Kreuzpeilung bestimmt. Sie nahm an zahlreichen Segelregatten teil. Mit acht Jahren träumte sie bereits davon, allein oder höchstens mit ihrem Hund Spot – in Schwimmweste – um die Welt zu segeln.

ERSTE TESTFAHRTEN

Mit elf Jahren segelte Laura im Sommer ganz auf sich gestellt durch Hollands Gewässer. Zwei Jahre später, im Mai 2009, setzte sie nach England über, verbrachte dort ein paar Tage und segelte zurück. Diese Erfahrung festigte Lauras Plan: »100-mal England und zurück«, so stellte sie sich eine Weltumsegelung vor: Das war doch machbar! Sie suchte Sponsoren für ihren großen Traum – den Weltrekord als jüngste Weltumseglerin aufzustellen. Ihre Eltern hielten das Ganze zunächst für eine Spinnerei, doch dann unterstützten sie ihre Tochter.

NIEDERLÄNDISCH-DEUTSCH-NEUSEE-LÄNDISCHE EINHAND-WELTUMSEGLERIN

20. September 1995
Geboren in Whangarei, Neuseeland

Mai 2009
Testfahrt mit dem Segelboot nach England und zurück

August 2009
Gerichtliches Verbot der Weltreise

21. August 2010
Aufbruch zur Weltumsegelung von Gibraltar aus

21. Januar 2012
Ankunft in der Simpson Bay auf Sint Maarten: Rekord als »jüngste Einhand-Weltumseglerin«

DAS GERICHT SAGT NEIN

Verantwortungslos! So nannte das durchs Jugendamt alarmierte Gericht in Utrecht das Verhalten von Lauras Eltern. Das Gericht schränkte im August 2009 ihr Sorgerecht ein. Es wurde ihnen ausdrücklich verboten, der damals 13-jährigen Laura den Aufbruch zu ihrer Soloweltour zu erlauben. Ein Jahr lang wurde geprüft, ob Laura die nötige Reife für eine Weltumsegelung und die damit verbundenen möglichen Gefahren hatte. Außerdem war Laura schulpflichtig und die niederländische Schulbehörde weigerte sich, sie zwei Jahre lang vom Unterricht freizustellen.

MIT »GUPPY« AUF HOHER SEE

Ende Juli 2010 gab ein Gericht endlich grünes Licht. Laura brach am 21. August 2010 mit ihrer 11,5 m langen Segeljacht »Guppy« von Gibraltar aus auf. Es ging westwärts über Gran Canaria, Richtung Kap Verde und zur Karibikinsel Sint Maarten. Am 10. und 11. Januar 2011 durchquerte Laura den Panamakanal, nahm Kurs auf die Galapagosinseln, streifte Tahiti und die Fidschis und erreichte Ende August 2011 die Stadt Darwin an der Nordküste Australiens: Sie hatte nun den Atlantischen und den Pazifischen Ozean durchquert. Die nächsten 5540 Seemeilen führten Laura über den Indischen Ozean nach Durban, Südafrika, wo sie im November 2011 anlegte. In den nächsten Wochen umsegelte sie das Kap der Guten Hoffnung und hatte am 20. Dezember 2011 alle Längengrade gekreuzt – also die Welt einmal umrundet! Laura war inzwischen 16 Jahre alt und beendete ihre Tour nach weiteren 5600 Seemeilen in der Simpson Bay auf Sint Maarten am 21. Januar 2012 um 12 Uhr Ortszeit.

Das Steuer fest in der Hand: 17 Monate war Laura Dekker bei ihrer Weltumsegelung Kapitänin ihres Bootes »Guppy«.

ERFAHRUNGSREICH

In einem Buch, im Dokumentarfilm »Maidentrip« (»Jungfernfahrt«) und bei ihren Vorträgen erzählte Laura von ihrem Törn: vom Leben auf engstem Raum, ohne Dusche und ohne Kühlschrank. Von der Einsamkeit und Stürmen, toten Fischen an Deck, einem selbst reparierten, kaputten Steuerrad und von einer Fußverletzung. Aber eben auch von der Schönheit des Pazifischen Ozeans – und wie sie an alldem gewachsen ist. Heute lebt Laura mit ihrem Mann in Neuseeland. 2018 stiftete sie ihr Boot »Guppy« der Organisation »LifeSail«, die benachteiligten, gefährdeten Kindern und Teens mit Segel- und Bootsbaukursen hilft, Selbstbewusstsein, Teamwork und Führungsqualitäten zu entwickeln.

> »ES WIRD MOMENTE GEBEN, IN DENEN ES NICHT SEHR NETT IST. MIT STURM UND SO WEITER. ABER ICH WEISS, WIE ICH MICH DANN VERHALTEN MUSS.«
>
> LAURA DEKKER, 2009
> (ZITIERT NACH DEM HAMBURGER ABENDBLATT VOM 26. AUGUST 2009)

Die junge Generation

UNSERE FRAU IM WELTALL?

Die Stiftung »Erste deutsche Astronautin« will 2020 eine Frau für zehn Tage auf die Internationale Raumstation ISS schicken. Aus 400 Bewerberinnen wurden 2017 zwei ausgewählt: die Meteorologin **Insa Thiele-Eich** (*1983) und die Bundeswehr-Pilotin **Nicole Baumann** (*1985). Die beiden begannen im August 2017 eine Raumfahrer-Ausbildung nahe Moskau, die durch Crowdfunding finanziert wird. Nicole schied im Dezember 2017 aus dem Programm aus. Für sie rückte die Astrophysikerin **Suzanna Randall** (*1979) nach.

#AUFSCHREI

Die Journalistin **Laura Himmelreich** (*1983) musste sich beim Interview mit einem Politiker einen anzüglichen Spruch über ihren Busen anhören. Sie veröffentlichte diesen Vorfall 2013 in einem Zeitschriftenartikel. Die Medienberaterin **Anne Wizorek** (*1981) startete daraufhin den Hashtag #aufschrei im Netz. Das führte dazu, dass Tausende Frauen online schrieben, welche sexistischen Bemerkungen und Übergriffe sie tagtäglich erleben. Diese Berichte machten erstmals klar, wie und wie oft Frauen von Männern belästigt werden. Seither diskutiert Deutschland: Wo liegt die Grenze zwischen einem Kompliment und unerwünschter Anmache?

ZORNIGES MANIFEST

»Meat Market« (Fleischmarkt) heißt das Buch der britischen Journalistin, Autorin und Bloggerin **Laurie Penny** (*1986). Sie zeigt darin, wie Frauen durch frauenfeindliche Werbung, Schlankheitswahn und Pornos unterdrückt werden. Laurie will anderen Frauen klarmachen, in welchem Bewusstseinsgefängnis sie oft leben. Modemagazine, Filme oder Instagram-Fotos geben vor, wie ein »perfekter« Körper auszusehen hat – und unzählige Mädchen und Frauen versuchen, ihn mit Diäten zu bekommen. Laurie tritt für eine offenere Gesellschaft ein, in der man viele verschiedene Körper schön findet – und in der man sich von »typisch männlich/weiblich« verabschiedet.

SCHRILL UND KRITISCH

Knallbunte Sturmhauben, grelle Kleider und Strümpfe – das sind die Markenzeichen von »Pussy Riot« (»Muschi-Krawall«). Die 2011 gegründete Moskauer Punkrockband aus zehn Musikerinnen nennt sich feministisch, regierungs- und kirchenkritisch. Bekannt wurden sie für ihre Spontanauftritte auf dem Roten Platz, in U-Bahn-Stationen und auf Busdächern. Wegen ihres »Punk-Gebets« in einer Kirche 2012 kamen die beiden Bandmitglieder **Marija Wladimirowna Aljochina** (*1988) und **Nadeschda Andrejewna Tolokonnikowa** (*1989) wegen Rowdytums in Haft. Sie wurden 2013 begnadigt, doch ihre Erfahrungen im Gefängnis brachten sie dazu, sich für bessere Haftbedingungen in Russland einzusetzen.

KOMISCHE FRAU

Sie hat einen ausgesprochen trockenen und höchst erfrischenden Humor: Die schweizerisch-US-amerikanische Slam-Poetin **Hazel Brugger** (*1993) stand schon mit 17 Jahren auf der Poetry-Slam-Bühne in Winterthur und gewann 2013 den »Schweizer Meister«-Titel bei den vierten Poetry-Slam-Meisterschaften. Ihr erstes Kabarettprogramm von 2015 machte sie schlagartig bekannt. Hazel bekam 2017 als bisher jüngste Teilnehmerin den Kleinkunstpreis »Salzburger Stier«.

STOLZ MIT KOPFTUCH

Geht das, Feministin und Muslima zugleich sein? **Kübra Gümüşay** (*1988), Journalistin, Bloggerin und Netz-Aktivistin, meint: »Ja!« Kübra, die sich selbst Deutschtürkin nennt, trägt Kopftuch. Für sie ist das Ausdruck von Stolz und Punk. Darüber schreibt sie in ihrem Blog »Ein Fremdwörterbuch«, der 2011 für den Grimme Online Award nominiert war. Auf der Internet-Konferenz »re:publica« forderte sie 2016, Hass im Netz nicht schweigend hinzunehmen, sondern Liebe zu organisieren. »Love Out Loud« hieß dann das Motto der nächsten »re:publica«, als Aufruf für Vielfalt, Respekt und positives Nach-vorne-Denken.

Chronik

11.–13. Jh. Hochmittelalter
1155–1190 Friedrich I. (»Barbarossa«), Kaiser des Heiligen Römischen Reiches

HILDEGARD VON BINGEN (1098–1179)
Visionärin, Theologin, Schriftstellerin, Komponistin und Naturkundlerin

1337–1453 Hundertjähriger Krieg (England gegen Frankreich)
14.–15. Jh. Spätmittelalter

JEANNE D'ARC (1412–1431)
Französische Nationalheldin

1450 Erfindung des Buchdrucks in Europa
1492 Kolumbus erreicht Amerika.

An einzelnen Universitäten in Italien dürfen Frauen studieren.

1618–1648 Dreißigjähriger Krieg

MARIA SIBYLLA MERIAN (1647–1717)
Deutsche Malerin, Kupferstecherin und Naturforscherin

1678 Philosophische Fakultät Padua: Die erste Frau weltweit erwirbt einen Doktortitel.

DOROTHEA CHRISTIANE ERXLEBEN (1715–1762)
Deutschlands erste Ärztin

KATHARINA DIE GROSSE (1729–1796)
Russische Kaiserin

18. Jh. Zeit der Aufklärung

Anfang des 18. Jahrhunderts brauchen Frauen in Europa meist einen männlichen Vormund: Vater, Bruder oder Ehemann. Sie dürfen keine eigenen Geschäfte abwickeln und haben kaum Zugang zu höherer Bildung. Einige Schriftstellerinnen verdienen ihren Lebensunterhalt mit Schreiben.

1789 Französische Revolution

Erste Frauenrechtlerinnen in Frankreich

CAROLINE LUCRETIA HERSCHEL (1750–1848)
Deutsche Astronomin

JANE AUSTEN (1775–1817)
Englische Schriftstellerin

19. Jh. Industrialisierung
1837–1901 Regierungszeit von Königin Victoria in England (Viktorianisches Zeitalter)
1848/49 Deutsche Revolution

Frauen in Deutschland werden politisch aktiv: Arbeiterinnen demonstrieren, demokratische Frauenvereine werden gegründet.

AUGUSTA ADA LOVELACE (1815–1852)
Englische Mathematikerin

CLARA SCHUMANN (1819–1896)
Deutsche Pianistin und Komponistin

BEATRIX POTTER (1866–1943)
Englische Kinderbuchautorin, Illustratorin, Naturschützerin

MARIE CURIE (1867–1934)
Französisch-polnische Physikerin, Chemikerin, zweifache Nobelpreisträgerin

1867 Universität Zürich lässt Frauen zum ordentlichen Studium zu.

1870er-Jahre Frauen können sich in England, Russland und Skandinavien als ordentliche Studentinnen einschreiben.

Ab 1887 dürfen Frauen an einigen österreichischen Unis in wenigen Fächern studieren.

1900 Frauenstudium in Baden, 1903 in Bayern, 1908 in Preußen

MARIA MONTESSORI (1870–1952)
Italienische Ärztin und Pädagogin

ROSA LUXEMBURG (1871–1919)
Polnisch-deutsche Politikerin

1906 Finnland führt das Frauenwahlrecht ein, 1913 Norwegen, 1915 Dänemark und Island.

1914–1918 Erster Weltkrieg
1917 Russische Revolution

1918 Frauenwahlrecht in Deutschland, Österreich und Polen, 1919 in den Niederlanden, 1921 in Schweden

1924–1953 Stalinismus in Russland

1928 Frauenwahlrecht in Großbritannien,
1931 in Spanien

1933–1945 Nationalsozialismus in Deutschland
1939–1945 Zweiter Weltkrieg

ALEXANDRA KOLLONTAI (1872–1952)
Sowjetische Ministerin und Botschafterin

LISE MEITNER (1878–1968)
Österreichische Kernphysikerin

VIRGINIA WOOLF (1882–1941)
Englische Schriftstellerin und Verlegerin

LILI ELBE (1882–1931)
Dänische Malerin, trans- und intergeschlechtliche Frau

COCO CHANEL (1883–1971)
Französische Modeschöpferin

MARY WIGMAN (1886–1973)
Deutsche Tänzerin, Choreografin und Tanzpädagogin

CLÄRENORE STINNES (1901–1990)
Deutsche Rennfahrerin

MARLENE DIETRICH (1901–1992)
Deutsch-US-amerikanische Schauspielerin und Sängerin

HANNAH ARENDT (1906–1975)
Deutsch-US-amerikanische politische Philosophin

ELLY BEINHORN (1907–2007)
Deutsche Flugpionierin

ASTRID LINDGREN (1907–2002)
Schwedische Kinderbuchautorin

SIMONE DE BEAUVOIR (1908–1986)
Französische Schriftstellerin und Philosophin

SOPHIE SCHOLL (1921–1943)
Deutsche Widerstandskämpferin gegen die Nazi-Herrschaft

ANNE FRANK (1929–1945)
Deutsch-jüdische Tagebuchschreiberin

1944 Frauenwahlrecht in Frankreich, 1945 in Ungarn, Slowenien und Bulgarien, 1946 in Italien, 1952 in Griechenland

1949 Gründung der Bundesrepublik Deutschland (BRD) und der Deutschen Demokratischen Republik (DDR)

1949 Der Satz »Männer und Frauen sind gleichberechtigt« wird in die Verfassung der BRD aufgenommen.

NIKI DE SAINT PHALLE (1930–2002)
Französisch-amerikanische Malerin und Bildhauerin

JUTTA LIMBACH (1934–2016)
Deutsche Juristin und Juraprofessorin

JANE GOODALL (*1934)
Englische Affenforscherin und Naturschützerin

SYLVIA CADUFF (*1937)
Schweizer Dirigentin

1971 Frauenwahlrecht in der Schweiz,
1984 Liechtenstein

1977 Verheiratete Frauen in Deutschland brauchen nicht mehr die Erlaubnis ihres Mannes, um arbeiten zu gehen.

1979 Erstmals wird eine Frau (Margaret Thatcher) Premierministerin in Großbritannien und damit die erste Regierungschefin in Europa.

1989 Fall der Berliner Mauer
1990 Deutsche Wiedervereinigung

ANITA RODDICK (1942–2007)
Englische Unternehmerin und Umweltaktivistin

ALICE SCHWARZER (*1942)
Deutsche Journalistin, Publizistin, Feministin

ANGELA MERKEL (*1954)
Deutsche Politikerin und erste Bundeskanzlerin

CHRISTINE LAGARDE (*1956)
Französische Rechtsanwältin, Politikerin und Chefin des IWF

STEFANIE (STEFFI) GRAF (*1969)
Deutsche Tennisspielerin

GERLINDE KALTENBRUNNER (*1970)
Österreichische Höhenbergsteigerin

LAURA DEKKER (*1995)
Niederländisch-deutsch-neuseeländische Einhand-Weltumseglerin

BILDNACHWEIS

Fotos: picture alliance: S.5 © dpa, S. 9: picture alliance/akg-images, S. 11: picture alliance/akg, S. 13: picture alliance/ullstein bild, S. 15: picture alliance/Heritage Images, S. 16: picture alliance/akg-images, S. 19: picture alliance/akg, S. 20: picture alliance/akg-images, S. 23: picture alliance/Leemage, S. 24: picture alliance/united archives, S. 28: picture alliance/Leemage, S. 31: picture alliance/Photoshot, S. 32: picture alliance/akg-images, S. 37: picture alliance/akg, S. 39: picture alliance/arkivi, S. 41: picture alliance/Heritage Images, S. 42: picture-alliance/RIA Nowosti, S. 47: © dpa – Bildarchiv, S. 48: © dpa – Bildarchiv, S. 53: picture alliance/Everett Collection, S. 54: picture-alliance/akg-images, S. 56: picture alliance/ullstein bild, S. 59: picture alliance/Everett Collection, S. 60: picture alliance/AP Images, S. 63: picture alliance/akg-images, S. 64: picture alliance/TT NEWS AGENCY, S. 67: picture alliance/akg-images, S. 71: © dpa, S. 72: © dpa – Report, S. 75: picture alliance, S. 78: © dpa – Fotoreport, S. 80: © dpa – Fotoreport, S. 85: picture alliance/Sven Simon, S. 91: picture alliance/AP Images, S. 92: © dpa, S. 95: picture alliance/AA, S. 96: © dpa, S. 99: © dpa, S. 104: © epa-Bildfunk, S. 107: © dpa
Getty Images: S. 88: C. Maher/Freier Fotograf
stock.adobe.com: S. 44: babelsberger
S. 50: ›Man into Woman, An Authentic Record of a Change of Sex‹. Wellcome Collection. CC BY

© 2019 arsEdition GmbH, Friedrichstraße 9, 80801 München
Alle Rechte vorbehalten
ISBN 978-3-8458-3031-5
www.arsedition.de

MIX
Papier aus verantwortungsvollen Quellen
FSC® C002795